AF276828

Molécula

Suricatos

Molécula

© del texto e ilustraciones: Catalina Alexander
© corrección del texto: Equipo BABIDI-BÚ

© de esta edición:
Editorial BABIDI-BÚ, 2025
Avda. San Francisco Javier, 9, 6ª, 23
Edificio Sevilla 2 - España
41018 - Sevilla
Tlfn: 912.665.684
info@babidibulibros.com
www.babidibulibros.com

Impreso en España
Primera edición: junio, 2025

ISBN: 979-13-87558-64-2
Depósito Legal: SE 2812-2024

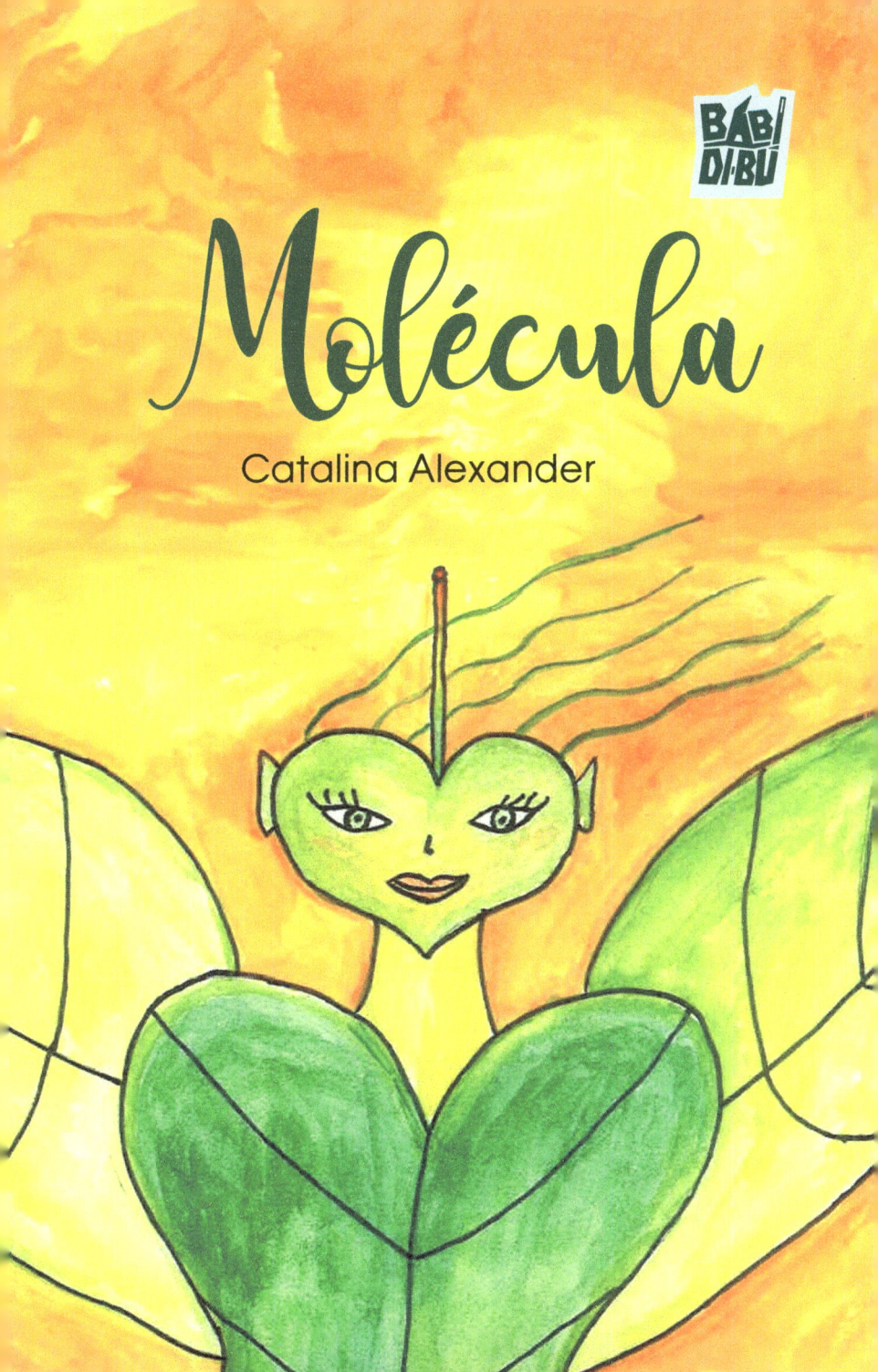

Índice

Índice

Prólogo

En el año 2011, Catalina tuvo un accidente y casi muere después de chocar contra un tren con su bicicleta. A los pocos días de este extraño suceso, el nihilismo se despertó en su ser… «¿Cuál era el sentido de seguir viva?». En ese momento comenzó a escribir su primer libro: *Molécula*.

Durante ese día y en la siguiente década, la autora estuvo enriqueciendo lo que ella denomina: «El Universo Molecular». Así, año tras año, mientras viajaba por Latinoamérica, conociendo diferentes culturas, continuó abriendo más y más el relato. Diseñó trajes de hojas para dar vida a su personaje, filmó videos experimentales y vivió en Chile, donde transformó la historia en un cómic.

Viajó en un velero durante dos meses y se mudó a Uruguay, donde se dedicó a escribir. Más tarde, decidió viajar a México, país en el que reside en la actualidad.

Asentada en la Ciudad de México, con sus pies sobre las tierras mágicas de las poderosas civilizaciones antiguas, allí, entre historias de nahuales y animales de poder, después de casi 12 años de haberlo comenzado, en 2024, Catalina Alexander, finalmente, logra terminar de escribir su primer libro.

En todos estos años, hubo momentos en los que pensó que nunca lo lograría y que esta historia solo viviría en su cabeza por siempre.

Al final, ganó esa vocecita de adentro que le decía: «*Molécula* debe transformarse en un libro para que todos los niños y niñas terrícolas puedan inspirarse con esta historia» …

Y ahora…

¡La sostienes entre tus manos!

Agradecimientos

Quiero dedicarle este libro a la Vida por dejarme experimentarla, a la Fuente Divina, a mis Guías, Ángeles, Guardianes y a todos los miembros de mi árbol genealógico. Especialmente a nuestro Planeta Tierra y a todos nosotros, frutos de su naturaleza.

A mi niña interior y a la niñez de todos los Seres Humanos. A la magia, a la pureza, a la curiosidad y a la creatividad que están tan presentes en nuestros primeros años de vida; a las nuevas generaciones y a su valentía para mantener vivos y latentes estos dones aun cuando se transformen en adultos.

Amada lectora, amado lector, gracias por sostener este libro en tus manos. Escribí *Molécula* para ti y te dedico esta historia con todo mi amor.

Molécula

«Me voy a vivir al planeta Tierra. Allí el Sol alumbra con potencia… ¡Qué delicia será sentir el calor del Sol en mi helada silueta!» concluyó.

El inconveniente era que la Tierra estaba embriagada de aquel asqueroso gas llamado oxígeno y que Fuerza Alienadora era un ser abiótico.

«¿Cómo hacer de la Tierra un lugar apto para mí?», pensó, y en su cerebro digital, rápidamente, obtuvo la respuesta.

En la Tierra corría lo que ellos llamaban el año 1780, y los humanos estaban comenzando a diseñar una tecnología que les permitiera desarrollarse como especie en un entorno natural que los amenazaba constantemente con barrerlos del mapa.

Desde el origen de la humanidad, los terrícolas habían intentado descifrar la manera de sobrevivir en su planeta. Lo primero que hicieron, al establecer contacto con un ser de otro mundo, fue suplicar: necesitaban ser guiados…

Los humanos estaban deseosos de conocimientos que pudiesen aplicar para acelerar su crecimiento sobre la superficie de la Tierra.

Fuerza Alienadora guardaba en su memoria toda la información de la magnética civilización plutoniana... Para ella fue muy fácil ayudarlos.

Y los ayudó porque, sin saberlo, los humanos comenzaron a trabajar para ella... Fuerza Alienadora guiaba a los terrícolas en la construcción del planeta Cemento.

Si, año tras año, los humanos lograran ir erradicando a todo ser vivo creador de oxígeno, y, a la vez, se ocuparan de cubrir los poros de la Tierra con una buena capa de asfalto que dejara a todo fotosintetizador imposibilitado de cumplir su oxigenado legado, solo si así sucedía, tal y como lo planeaba, entonces... Sí, la Tierra dejaría de ser de tierra y ella podría mudarse...

Fuerza Alienadora estaba segura, en menos de mil años el planeta Cemento estaría listo y finalmente, podría cumplir su único deseo: recibir el calor del Sol...

«¡Funcionará!», se dijo a sí misma.

Pudo imaginarlo, su castillo soñado, un enorme erizo de cemento con largos pinches elevándose hasta los cielos. «¡Así será! ¡Toda la superficie del planeta será de color gris!».

Los humanos ignoraban la verdadera procedencia y, por supuesto, la verdadera intención de Fuerza Alienadora. Desesperados por la necesidad de aprender a domar la naturaleza salvaje de su planeta, comenzaron a hacer todo lo que ella les decía desde Plutón.

Los humanos eran fáciles de manipular, y avanzaban rápido… Calculó que su mudanza podría llevarse a cabo, aproximadamente, dentro de 989 años, 7 meses y 27 días humanos.

Querido lector, hay una gran posibilidad de que estés viviendo en el planeta Tierra ahora mismo. Si este no es tu caso, ve a la página 33 y podrás encontrar más información sobre lo que es un Sol. Si eres un terrícola, entonces sí, eres consciente de la importancia del Sol en tu vida. Quiero que reflexiones sobre el efecto que tienen, sobre tu cuerpo, la luz y el calor que recibes de esta gran masa de energía. Quizás, vivas en un lugar soleado, o estés, mientras lees estas palabras, extrañando los rayos del sol, quizás, estés abrumado, acalorado y hasta, por qué no, irritado por la intensidad del calor del Sol en este mismo instante. Bueno, sea cual sea el caso, no puedes ser indiferente al Sol. Incluso si estás adentro, bajo la sombra de alguna estructura de cemento, sabes que el Sol está allí afuera, esperando tocar tu piel una vez más. Quizás sea en un rato, o mañana, o en unos meses, porque hay algunos lugares de la Tierra en los que el Sol tarda mucho tiempo en volver a dejarse ver. Sea cual sea tu relación personal con el Sol, para nosotros, los terrícolas, él siempre está allí, quizás, en otra parte del planeta, quizás detrás de una nube, o de un sombrero, o allí, haciéndose pequeño detrás de tu propio dedo. Aunque esté oculto... El Sol está aquí y la Tierra es la Tierra, por su gloriosa presencia...

Esta es una historia sobre los soles, sobre la búsqueda de la luz y sobre las sombras...

Todo lo que Fuerza Alienadora les decía a los terrícolas, funcionaba de maravilla, en poco tiempo se transformó en aquella voz extraterrestre, guía especialista de lo que denominaban «Orden y Progreso».

Fuerza Alienadora diseñó un poderoso virus con el objetivo de adormecer la esencia natural terrícola de los humanos y acelerar su macabro plan. «Virus del Cemento» lo llamó, y lo injertaba en los terrícolas, a través de ondas magnéticas. Bajo su poder, los afectados cada vez se alejaban más de su esencia y buscaban una vida en el cemento… Cada vez que un humano vivía una situación dolorosa, se volvía más vulnerable al virus que, además, era contagioso.

El virus tenía siete fases, comenzaba sigilosamente con un sentimiento de separación y crecía cada vez más hasta transformar al terrícola en un ser autodestructivo, buscador y creador del asfalto, archienemigo de los árboles y de la naturaleza en general. El humano se volvía un verdadero amante de la dureza del cemento y rechazaba todo contacto con la tierra.

En el último estadio del virus, el humano comenzaba a sentir a la naturaleza como su enemiga y quedaba desprovisto de todo sentido de la empatía por el resto de los seres vivos… Transformados en «cementícolas», creadores de cemento, los humanos eran los mejores constructores de Fuerza Alienadora.

En esta última fase, el terrícola se desconocía como un terrícola, y le resultaba asqueroso adentrarse en la naturaleza... El Plan de Fuerza Alienadora estaba funcionando a la perfección. En el año 2054, los representantes más influyentes del planeta Tierra se reunieron por décima vez en la Conferencia Científica Internacional para salvar al mundo. Se decidió aprobar un polémico proyecto de experimentos científicos que tenía como objetivo, a largo plazo, alterar el curso de la humanidad. El equipo de profesionales y científicos de Novogén dio a conocer al mundo que mil proyectos de seres certificadamente evolucionados ya estaban en marcha. Aclararon que las personas podían seguir reproduciéndose de forma tradicional, pero invitaban a reflexionar, a tomar conciencia y a pensar seriamente el hecho de seguir trayendo al mundo seres autodestructivos que pudiesen dañar aún más al planeta Tierra, que ya hacía años estaba en estado crítico de emergencia. A cambio, la alternativa científica planteaba lo siguiente: las genéticas de las mentes más brillantes de la historia iban a adherirse a nuevos proyectos humanos que serían criados por padres adoptivos, elegidos específicamente para potenciar la nueva genética privilegiada de terrícolas. El planeta Tierra no podía soportar por más tiempo la existencia de seres autodestructivos y Novogén planteaba una solución real.

Claro que hubo un par de revueltas en contra de los novogenes, pero desde ese año, cada vez menos mujeres quedaron embarazadas y más parejas fueron unidas para criar a los experimentos de seres certificadamente evolucionados que irían reconstruyendo, generación tras generación, el futuro del planeta Tierra, o al menos, eso era lo que creían.

En el año 2098, el planeta Tierra estaba cubierto en un 88 % de su superficie total por cemento. Quedaban muy pocos bosques de árboles reales y los niños habían perdido la costumbre de trepar a los árboles, de saltar de roca en roca, de juntar tesoros naturales, de embarrarse los pies… Un paseo por la naturaleza era de las experiencias más caras que una madre podría llegar a regalarle a su hijo. Los seres humanos vivían en cúpulas de cemento.

En el año 2098, las madres seguían siendo la máxima fuente de amor para los niños y niñas del planeta Tierra.

—Hay personas que no tienen nada, no tienen píldoras, no tienen trajes, no tienen a nadie, no tienen familia, ni una cúpula donde vivir y menos un jardín natural… Mira todo lo que tienes, mi amor, tantos chicos que no pueden estudiar y amarían poder ir mañana al primer día de clase a aprender. Ir al laboratorio es un regalo, una bendición. Ponte contenta, Semillita… No quiero verte más con esa cara triste, a la vida hay que disfrutarla y esa es nuestra responsabilidad, ser felices.

El silencio la invadió. Semilla Task levantó su mirada y fijó sus grandes ojos en los de su madre. Con sus 13 años acababa de comprender que cada vez que compartiera su dolor con algún adulto no recibiría más que un intento de consuelo basado en la idea de agradecer todo lo que tenemos y disfrutar de la vida. Sonaba lógico.

—No estés triste, sé feliz —agregó su mamá. El mensaje era claro y a la vez… «¿Qué significa ser feliz?» pensó Semilla. Optó por dejar de compartir sus emociones y suspiró.

—Lo intentaré.

El silencio nuevamente. Semilla se anticipó y escuchó en su mente una voz de locutor: «Y ahora… ¡El momento del abrazo!». Su madre sonrió y abrió sus brazos arqueando sus cejas.

—Gracias, mami, pero no creo que me sirva de mucho un abrazo —su mamá invirtió su sonrisa, cerró sus brazos y la miró apenada.

Semilla Task se levantó de la silla, caminó despacio y salió al jardín. Afuera hacía calor y el aire perfumado a flores de verano la recibió. No pudo resistirse a respirarlo, y una potencial sonrisa se dibujó en su carita. En su mente resonó la voz cantarina de su madre... «La vida hay que disfrutarla». Mientras trepaba la escalera de madera, su mente no paraba de hablarle...

—¿Se supone que saber que otros sufren me debería hacer sentir mejor? ¿Y este dolor que siento en el pecho? ¿Debo anestesiarlo con pensamientos felices? ¿Cómo se hace para ser feliz?

Al cumplir los 10 años, Semilla Task recibió la noticia de que ella era producto de un experimento genético y que nunca iba a poder conocer a sus padres biológicos, porque habían muerto más de un siglo antes de su nacimiento. Ese día mismo, supo que aquellos adultos a quienes llamaba madre y padre no tenían ningún lazo sanguíneo con ella y que habían sido designados por el gobierno terrícola como adultos emocionalmente inteligentes y responsables para criarla de la mejor manera posible. Esa misma tarde descubrió que los hijos nacidos naturalmente desde el amor ya estaban prácticamente prohibidos, porque la Tierra ya no podía permitirse más personas inconscientes sobre su superficie que pudiesen lastimarla y que, por eso, había sido creada, al igual que otros millones de novogenes, para asegurarle al planeta Tierra una futura generación de seres humanos certificadamente evolucionados.

Esa misma tarde, Semilla decidió diseñar una guarida de forma semi redonda, como la de una fruta gigante, para instalarla en el árbol más viejo de su jardín. 67 minutos más tarde, le explicó a ese hombre, que había sido designado como su adulto criador y a quien ella llamaba «papá», lo que sentía.

—Siento un dolor tan profundo, me siento tan sola y desarraigada que no sé cómo crecer... No sé cómo crecer, porque no tengo raíces... Necesito volver a nacer, como una semillita dentro de una fruta en un árbol. Permanecer en el interior de esa fruta, sería para mí, como conocer, por primera vez, el vientre de mi madre que nunca me conoció y nutrirme allí. El árbol, viejo y fuerte, sería para mí, como sentir a mi verdadero padre protegiéndome, dándome sostén.

Semilla estuvo preparando la propuesta de su guarida durante los siguientes dos días, necesitaba tener su propia fruta gigante en la que meterse, ese sería su lugar seguro, una gran fruta que la protegiera, una fruta que nunca nadie pudiese comer y que nunca se pudriera, una fruta distinta a las otras, como ella, como la pequeña semilla que habitaría en su interior.

Su papá quedó sorprendido con la profundidad de la analogía que planteaba con tanta claridad y decisión esa pequeña de 10 años, a quien él mismo había criado. No pudo decir que no. Fue un sí rotundo. La construcción de la fruta gigante duró cinco meses y no fue nada barata, aunque valió la pena porque, apenas estuvo lista, Semilla se rio durante 23 minutos seguidos. De pronto, Semilla dejó de reír y se puso seria. Estaba pensando; su mente recibía una catarata de ideas. Eso que parecía una nave espacial de tuttifruti incrustada en el árbol de su jardín fue bautizada en ese instante como «El Frutátomo». Esa misma tarde, comenzó a ambientarlo como su verdadero laboratorio de experimentos químicos, su taller creativo y su guarida artística personal. Semilla Task tenía su propio Frutátomo en el jardín de su cúpula.

Durante los tres años que siguieron, Semilla empapeló el interior del Frutátomo con dibujos de Molécula Espacial, su gran proyecto, el cual soñaba con compartir al mundo, como una alternativa al proyecto de Novogén. Semilla estaba convencida: «¡No podemos confiar el destino de la Tierra a seres que nacieron certificadamente evolucionados! ¡Los novogenes no pueden ser la

salvación…! ¿Por qué no permitir que los terrícolas naz-
can desde el amor, y concentrarnos en auto educarnos
emocionalmente como humanos para que la existencia
de seres conscientes nacidos naturalmente sea la nueva
regla del Planeta?».

Los novogenes, como ella, podrían ser evolucionados
certificadamente, pero… ¿Podrían, estos niños, tan certificadamente evolucionados, alguna vez sentirse seres
completos? A ella, al menos, le costaba mucho sentirse
un Ser Humano. Era un hecho, ella no había sido una
creación de la naturaleza y, menos aún, del amor. Tenién-
dolo todo y a la vez faltándole todo, Semilla Task nunca
se había sentido parte de nada.

La Tierra necesitaba dar a luz a hijos desde el amor
y los hijos del amor necesitaban a Molécula por el bien
de la Tierra. Molécula era la guía hacia la evolución.
Ella tenía armas y herramientas concretas para despertar las conciencias humanas. Los niños terrícolas
necesitaban a Molécula.

O quizás, Molécula Espacial era tan solo un libro, y
era ella, su escritora, la única que la necesitaba…

Lo que la curiosa Novogen ignoraba era que todo era
posible en su mundo, que los tiempos y las realidades
estaban transcurriendo de maneras misteriosas y que ella
estaba creando su destino, manifestando su futuro, qui-

zás, hasta incluso modificando su pasado… Semilla no se imaginaba que, de alguna forma, estaba creando nuevas posibilidades y que, después de incubarse a sí misma en el Frutátomo, podría, volver a nacer.

A kilómetros y kilómetros del Frutátomo, el Sr. Popov viajaba en su auto volador para conocer el terreno donde vivían San y su mamá. Él era un hombre joven, de unos 25 años; su padre le había dado un puesto importante en la empresa familiar y se estaba haciendo cargo de comprar tierras para la construcción de centros comerciales. Su plan era conocer el terreno para ajustar los últimos detalles y poder volver a la ciudad para juntarse con sus amigos en la realidad virtual. El olor a pasto, a naturaleza, le provocaba náuseas, no cabía en su mente la posibilidad de que en pleno 2098 alguien aún estuviese viviendo en un rancho viejo en medio de la naturaleza. «Si no existiera gente así, no tendríamos negocio», pensó mientras apagaba su pequeña nave eléctrica y se disponía a bajar la escalerita para poner sus zapatos nuevos en esa tierra apestosamente salvaje e indescifrable, llena de irregularidades, insectos que lo amenazaban con tropezar a cada paso y caer desparramado en esa barbarie que podía llegar a irritarle la piel o a infectarlo con quién sabe qué mal de campo.

La mamá de San salió por la puerta principal de la casa vieja para recibirlo…

—Sr. Popov, bienvenido, gracias por venir… ¿Qué tal estuvo el viaje?

—Muy bien… Mucho gusto, Sra. Hum. ¡Qué bonito está aquí el campo!

—Gracias, adelante…

San no aguantó y decidió entrar; quería observar a este tal Popov. Entró por la puerta de la cocina.

—¡Hola!

—¡Ah, San! Sr. Popov, él es mi hijo San…

Querido lector, aquella historia que te han contado sobre el origen de nuestra galaxia, no es la misma que me han contado a mí... En mi planeta, hay otra versión sobre el origen de la Vida. Si estás listo para recibir otra perspectiva, sigue leyendo. Si estás dudando y sospechando de mi relato, diría que fueras a la página 56 para conocer un poco más de mi persona, quizás así comiences a confiar en mí. Por favor, no continúes leyendo estas palabras si no crees en ellas, no hay nada más inútil en esta vida que ocupar nuestra atención en algo en lo que no creemos. Esta historia es sobre el poder de la voluntad... Y es mi voluntad contarte lo que he aprendido...

En nuestro planeta, la historia que nos han contado es que el Universo siempre ha estado aquí y siempre estará aquí. El Universo es eterno. Los soles, sin embargo, ellos sí, nacen, crecen y mueren...

Había una vez, una gran Fuente de Luz que se encontraba emitiendo chispas en la oscuridad del Universo. Entre miles de chispas, la gran Fuente, dio a luz a unos bellísimos soles trillizos: el Sol Verde, el Sol Amarillo y el Sol Rojo.

Cada uno de los soles tomó un camino diferente y comenzaron a viajar, iluminando el espacio a medida que avanzaban hacia la oscuridad de lo desconocido. Era tanta la luz que emitían que atrajeron a enormes planetas que comenzaron a seguirlos en busca de luz y calor. Pertenece a la naturaleza de los planetas seguir a los soles con la misma tenacidad con que un insecto volador se acerca a un foco de luz en medio de la noche.

El Sol Verde tenía una curiosa cualidad, su núcleo estaba formado por imanes de carga positiva. A medida que avanzaba iluminando el espacio, atrajo a un pesado planeta de plomo con centro magnético de carga negativa que comenzó a seguirlo de cerca. Las ondas magnéticas generadas entre el Sol Verde y el planeta Plutonio dieron origen a una extraña forma de vida: los plutonianos. Ellos eran seres minerales, formados por partes metálicas que se mantenían unidas entre sí gracias al poder magnético que se generaba por su cercanía al Sol. Lo único que necesitaban para vivir era el magnetismo. Eran pocos en su planeta y siempre los mismos, ya que no conocían la vejez al ser eternos... O, al menos, eso creían.

Los plutonianos medían más de tres metros y eran muy fuertes, nunca se cansaban, no necesitaban respirar, ya que el oxígeno no existía allí. Tampoco alimentarse ni dormir, ellos solo trabajaban haciendo estructuras magnéticas.

En el planeta Plutonio no existía la noche ni el día, solo un eterno atardecer verde en el cual los plutonianos construían sin cesar.

Después de muchos millones de años, cuando las estructuras magnéticas casi llegaban a tapar toda la superficie del planeta y se elevaban tan alto que casi tocaban al Sol Verde, una de esas tantas tardes verdes, los plutonianos se sorprendieron al ver que el Sol Verde comenzó, de pronto, a brillar de una manera diferente. Lo hacía progresivamente con más intensidad mientras se expandía en el cielo. Los plutonianos aprovecharon el incremento de la energía magnética para avanzar aún más en sus construcciones. El nuevo Sol Verde parecía ser el origen de un impactante crecimiento en la magnética civilización plutoniana. Los imantados plutonianos jamás se imaginaron que aquella expansión del Sol Verde significaba el comienzo del fin.

El poderoso trillizo verde siguió brillando más y más, hasta que una tarde, simplemente, se apagó por completo. Su fuego verde se extinguió, y su esplendor quedó reducido a un pequeño núcleo negro y magnético que cayó y cayó al vacío.

Los plutonianos sin su Sol perdieron su carga magnética, quedaron reducidos a simples pedazos de metal y cayeron al frío suelo, de donde ya nunca más se levantaron. Las grandes estructuras se derrumbaron en lo que tarda en llover una estrella fugaz.

Plutonio quedó huérfano de sol, helado y oscuro. Lo que alguna vez había sido el Sol Verde, se transformó en una gran piedra negra y cayó y cayó durante años y años hasta que, finalmente, se estrelló en la superficie de un pequeño planeta hueco que seguía de cerca a otro de los soles trillizos…

Semilla odiaba ir al laboratorio y había estado tan absorta en sus creaciones durante todo el verano que hasta había olvidado prepararse psicológicamente para lo que venía. Como mínimo necesitaba dos semanas de preparación. No es que la molestaran tanto como a otros compañeros, solo que para Semilla Task ir al laboratorio significaba lidiar con su mente que la torturaba, sin descanso, durante todo el día y toda la noche... Solo quería pasar inadvertida. Quería ser invisible. No soportaba el peso de los ojos de los demás. Imaginar sus comentarios susurrados, sus burlas silenciosas, la dejaba agotada. A veces, hasta deseaba que la molestaran gritándole insultos en lugar de esas miradas que la debilitaban, le cortaban el aire y le succionaban la energía; en ocasiones solo deseaba ser tragada por la tierra o ser abducida por una fuerza sobrenatural que la alejara de los otros para siempre.

Desde su cumpleaños número 13, algunos meses atrás, Semilla había crecido más de 20 centímetros. Durante el año anterior, ya parecía un gigante al lado de sus compañeros, y este año, iba a verse como un monstruo. Ni hablar de su cara de adolescente que parecía un colador de sangre y grasa. «¡Basta! ¡Silencio! ¡No quiero pensar más en eso! ¡Basta!», gritó Semilla en su mente. Eso era justamente lo que le pasaba, se criticaba, se describía a sí misma con pena y repulsión mientras narraba su tragedia en su mente. Quizás, ella era su peor enemiga.

Durante esos monólogos internos se quedaba inmóvil, fijaba su mirada en algún punto del espacio y escuchaba, crítica tras crítica, a su mente. Sus sentidos, en cambio, no captaban nada del exterior.

Se encontraba parada en su guarida, inmóvil hacía siete largos minutos y aún no había podido dejar de imaginar los posibles sobrenombres que sus compañeros le asignarían secretamente durante todo el año. ¡Una verdadera tortura! ¡Otra vez! ¡Basta! Tenía que auto educarse, entrenar a su mente tramposa. Decidió respirar hondo.

Su mamá le recordaba cada mañana que la respiración profunda desplazaba automáticamente a los pensamientos, siempre y cuando ella se enfocara verdaderamente en el aire, es decir, en ¡la respiración! Entonces se focalizó en sentir el aire entrando y saliendo de su cuerpo.

«¡Por fin! ¡Ahora sí, qué alivio!».

Finalmente, pudo mirar a su alrededor y se impregnó de sus creaciones.

Las paredes de su guarida estaban empapeladas de sus dibujos. Ese era su universo y la misión de volverlo cada día más complejo y más rico era lo que le daba la alegría de estar viva. Necesitaba inspirarse, concentrarse, disciplinarse para su proyecto. Molécula Espacial dependía de su voluntad.

Había comenzado a escribir la historia en forma de libro… Los libros reales, físicos, hechos de hojas de papel, solo existían en museos históricos… Semilla había estado creando el Universo de Molécula durante los últimos tres años. Seguir escribiendo la historia era su misión, y su mente, la creadora y la potencial asesina de su proyecto.

Mañana comenzaba su tortura. No había nada que pudiese hacer para evitar lo inevitable: un nuevo año en el laboratorio.

—Sí, esta es la realidad, pero no está sucediendo en este exacto momento… «¡Basta! ¡Eso lo veré mañana!».

Semilla hablaba sola y en voz alta…

Tomó su libro hecho a mano y lo abrió. La historia de Molécula era lo único que la sacaba de su estado constante de auto ataque mental.

El Sol Verde había dejado de existir, pero el Sol Rojo seguía avanzando, viajaba hacia un lado desconocido del Universo. Su hermano, el Sol Amarillo, viajaba en el sentido contrario. Plutonio, en cambio, no viajaba a ningún lado, flotaba solo en la inmensidad del espacio sin un sol al que seguir.

Cuando Plutonio vio pasar al Sol Amarillo a lo lejos, sintió muchas ganas de seguirlo... El Sol Amarillo carecía de carga magnética y, aunque quiso intentarlo, el pesado planeta no pudo moverse para buscar el calor de un nuevo líder. Plutonio se quedó quieto y en la oscuridad, mientras veía a su única esperanza alejarse... De pronto, un rayito de luz dorada, proveniente del Sol Amarillo, se desvió de su camino y logró llegar cansado a la superficie de Plutonio. Cuando el rayito dorado tocó la superficie de Plutonio, fue brutalmente capturado en una extraña estructura de metal para transformarse en una lámpara de pie por el resto de su vida, o al menos, eso fue lo que creyó el pequeño rayito y se puso triste, porque su naturaleza era viajar por el espacio. Aquel pequeño destello de luz y calor fue suficiente para despertar a la poderosa fuerza que estaba dormida desde hacía millones de años.

En el silencio de la oscuridad, una sombría energía comenzó a acercarse reptando entre los escombros y se detuvo debajo del calor que emitía la lámpara. La poderosa fuerza quiso materializarse y logró instalarse en una antigua computadora que alguna vez había sido utilizada por los plutonianos para diseñar su magnética civilización. Desde su computadora, la sombría presencia comenzó a diseñarse a sí misma y se proyectó hacia afuera como un sofisticado holograma con cuerpo transparente y piel blanca. Un largo vestido del color de las más recónditas tinieblas cubría su alargado cuerpo. Su melena era negra y frondosa, y en vez de cabellos, tenía largos cables saliendo de su cabeza. Sus dedos eran largos, con uñas delgadas como enchufes que se conectaban y desconectaban al monitor. Así fue como nació Fuerza Alienadora, así se decidió llamar, aunque no había nadie en su planeta para llamarla, ella se dijo a sí misma, «Bienvenida Fuerza, eres Fuerza Alienadora».

En un comienzo, a Semilla se le había ocurrido que Molécula era un ser verde, representante de una molécula de clorofila, del reino vegetal. Proveniente de un planeta lejano en el cual todos los seres eran verdes como la clorofila. La misión de esta molécula verde extraterrestre era representar el amor por los fotosintetizadores y despertar en los humanos el deseo de proteger a la naturaleza terrícola. Claro, luego se dio cuenta de que la humanidad no solo necesitaba proteger a la naturaleza del planeta, también era necesario despertar en los humanos la empatía, la alegría, la verdad, la valentía, el amor y las ganas de limpiar todo lo sucio que estaba el mundo. Se necesitaban moléculas de todos los colores del arcoíris.

Así, el Frutátomo fue llenándose de color. Había dibujos de moléculas con trajes rojos, naranjas, amarillos, verdes, azules, índigos, morados. Distintos diseños y de todos los colores del arcoíris. Molécula Espacial podía ser de todos esos colores, según la sustancia que representara y el lugar del que provenía. Cada molécula tenía una misión en la Tierra, al igual que la verde venía a transformar la Tierra en un gran bosque esférico, la molécula azul, que era de sulfato de cobre, venía a limpiar la suciedad del mundo... Así, entre todas, podrían ayudar a los humanos a transformar el planeta Tierra en aquel mundo en el cual Semilla Task soñaba vivir, y sin necesidad de que existieran seres certificadamente evolucionados.

La piedra negra con núcleo magnético de carga positiva que solía ser el Sol Verde, atravesó la superficie del planeta hueco que seguía al Sol Rojo. Dentro del planeta hueco, había agua, y debajo del agua había rocas calientes. Debajo de estas, una gran fogata. Fue allí donde el cuesco negro quedó enterrado... Fue allí, donde, después de muchos años, la gran semilla comenzó a germinar. Lo que alguna vez había sido el núcleo magnético del Sol Verde que alimentaba al planeta Plutonio, siempre había sido una gran semilla que, con la ayuda del Sol Rojo, se transformó en una gran planta que fue creciendo y creciendo.

La Gran Planta buscaba la luz y creció y creció, atravesó el agua y todo el espacio hueco del planeta hasta que, por fin, logró salir por el mismo agujero que había formado en la superficie el cuesco negro al caer. Ese fue el origen del planeta Planta. En el planeta Planta existía una noche eterna adentro y un día eterno afuera, allá donde las hojas de la Gran Planta se asoleaban cerca de los rayos del Sol. La Gran Planta buscaba la luz del Sol Rojo, pero, a la vez, necesitaba protegerse de aquellos gases exteriores que amenazaban con achicharrarla. Entonces, la inteligente planta comenzó a crear unos capullos debajo de cada una de sus dos grandes hojas, donde unos pequeños seres comenzaron a ser incubados. Los plantícolas, creados a partir de la necesidad de la Gran Planta, se transformaron en los responsables de protegerla. Su misión era untar las grandes hojas con un aceite especial que recolectaban de la espuma que se hacía en el agua, allá abajo en la parte interior del planeta.

Cuando los primeros plantícolas estuvieron listos para nacer, rompieron sus capullos y abrieron sus alas para comenzar a volar. Ellos sabían instintivamente cuál era su misión. Sus bellas alas transparentes los llevaban a recolectar el aceite sagrado que luego transportaban y untaban en las grandes hojas. Los plantícolas eran verdes, porque estaban formados por clorofila y solo necesitaban la luz del Sol para vivir. En el planeta Planta, el día y la noche sucedían al mismo tiempo constantemente: la noche eterna se daba en la parte interior y en el exterior se daba el día eterno, que tenía un cielo anaranjado teñido por el Sol Rojo.

Los plantícolas podían descansar tomando sol en las grandes hojas o colocar sus seis pies en el agua para meditar en la noche eterna. Algunos volaban bailando o esquiando, otros volaban lento, o muy rápido; algunos viajaban solos, otros en grupo. Hacían improvisadas coreografías en el aire, porque cada viaje era una oportunidad para jugar. Algunos hacían muchos viajes en el mismo tiempo que otros hacían solo uno. No hablaban, ni pensaban, solo vivían su presente, concentrados en hacer cada uno su misión a su propio ritmo… Y así se mantenía el equilibrio en el planeta. Cuando se cansaban de volar, porque sí, envejecían… Entonces se sumergían en el agua hasta fundirse con la espuma, sus cuerpos se desintegraban en el agua y allí se volvían parte del aceite hasta que la Gran Planta los volvía a dar a luz en forma de capullos.

A millones de millones de millones de estrellas del planeta Planta, San, el niño terrícola, estaba recibiendo una noticia que cambiaría su vida para siempre. «En la ciudad, todo es plano» pensó San. «Todo está a la vista...». A él le encantaba esconderse entre los árboles y buscar recovecos como cuevas. Vivía su vida como el protagonista de una película de aventuras. Mientras su mamá le daba la noticia, San sintió cómo su corazón se comenzaba a encoger de pena. Su mamá también estaba triste, pero intentaba disimularlo y se esforzaba en entusiasmarlo con la idea de vivir en un lugar nuevo, moderno y en la ciudad. Cuando ella hablaba, de pronto, a lo lejos, se escuchó a un perro chillar de dolor. «Quizás algún auto lo había atropellado», pensó San, mientras seguía mirando a su madre, que tuvo que dejar de hablar por el llanto desgarrador del perrito que se escuchaba a lo lejos y que ambos sintieron como propio.

Lloró tan fuerte el perro que San solo miró fijo a su madre... Ese día en el que San recibió la noticia de que debían irse de su casa entre los árboles..., lloró el perro, el gato, lloraron los grillos, el pasto, los árboles, los charcos, las frutas, las goteras, los cañaverales, los escondites y los zorzales. San, en cambio, lo hizo al día siguiente, se levantó indignado y, llorando de bronca, fue a buscar a su madre, quien intentó explicarle.

—En la vida hay que aprender a aceptar la realidad.

Semilla estaba trabajando en una cerbatana espacial con dardos de antiviolencia para la molécula roja de hemoglobina. Necesitaba terminar todos los elementos, ya que planeaba la primera exposición de su proyecto. Quería invitar a tres niños o niñas para formar parte del proyecto macromolecular. Había puesto una fecha límite para exponer su proyecto. Necesitaba encontrar a los miembros del equipo en los próximos 42 días, y todavía no tenía en mente a un candidato.

—¡Semilla! ¡A la mesa! —escuchó de pronto y volvió a la realidad: su vida de hija. Se apuró en dejar la cerbatana secando y bajó rápido.

Hace un año, su mamá le había explicado que, si no bajaba del Frutátomo para cumplir con sus deberes de hija, ya no iba a poder seguir subiendo todos los días a cumplir sus deberes de científica macromolecular. Desde esa vez, Semilla se preocupó de cumplir su parte del trato al pie de la letra; no se podía atrasar con su proyecto y menos ahora que el laboratorio le quitaría más del 67 % del tiempo que necesitaba para crear. Mientras bajaba por las escaleras del árbol, Semilla se dio cuenta de que ya no estaba triste; eso que le había dicho su mamá, de alguna extraña manera, había sucedido.

«¡Sé feliz!» se dijo a sí misma.

En la mesa, les contó a sus padres que había descubierto una nueva fórmula para el antídoto de los dardos que usaría la molécula roja; esta sustancia provocaba a quien recibía el dardo la cualidad de experimentar en carne propia el impacto de todo lo que generaba a su alrededor.

—Supongamos que la molécula de hemoglobina huele la sangre de un hombre que va camino a maltratar a su mujer y a sus hijos. Ella le lanza un dardo empático y el hombre, apenas llega a su cúpula, comienza a sentir el miedo que sienten sus hijos al verlo. Siente tanto miedo que no puede comportarse como siempre y, si intentara decir algo hiriente, esa misma angustia en la garganta no lo dejaría hablar. Así, ese hombre ya nunca más podrá ser violento porque estaría, literalmente, pegándose a sí mismo. Un antídoto perfecto para todos esos seres que hacen daño por no ponerse en el lugar de los demás —dijo Semilla y tomó un sorbo de su batido anaranjado.

Su papá la miró serio.

—Bueno, a mí no me gusta interferir en tu historia, pero la molécula de hemoglobina que olía la sangre de los golpeadores y los asesinaba... me parecía un poco extrema. En cambio, un dardo empático resulta una alternativa justa —dijo con una sonrisa.

—Sí, eso creo. Me encantaría poder usar la cerbatana mañana en el primer día de clases.

Su mamá la miró dulcemente.

—Semilla, tienes que recordar, muchos de tus compañeros no han desarrollado un mundo interior tan rico como el tuyo. ¿Quién más tiene un frutátomo en el árbol del jardín de su cúpula?

—Sí, mamá, lo sé. Eso que me decías de la tristeza... me doy cuenta de que, cuando me pongo a crear o corro por el jardín o cuando juego a ser Molécula, se va la tristeza. Creo que me pongo triste cuando pienso mucho. Me parece que ya sé cómo lograr eso de ser feliz.

Su mamá abrió sus brazos y sonrió arqueando sus cejas. Esta vez, Semilla Task saltó de su silla y abrazó fuerte a su mamá.

Había un plantícola que ya estaba viejito, pero seguía viajando del día a la noche eterna y de la noche eterna al día eterno, cumpliendo su misión. Mientras lo hacía, disfrutaba de observar cómo los demás plantícolas se comportaban. El viejito volaba lento mientras descifraba patrones comunes en las maneras de volar de sus contemporáneos. Así descubrió que los plantícolas recién nacidos de los capullos iban muy concentrados volando a buscar el aceite que llevaban a las hojas y luego regresaban. Tenían una manera de volar muy directa, iban decididos y volaban en línea recta. A medida que iban creciendo, los plantícolas comenzaban a disfrutar más de cada viaje, explorando diferentes formas de volar, con el tiempo, comenzaban a volar bailando como esquiando en el aire y creando dibujos en el cielo, en vez de volar en línea recta. Cada viaje era una oportunidad para crear. Sus alas vibraban haciendo música y sus cuerpos se movían en coreografías que improvisaban naturalmente. Después, ya al cabo de muchos viajes, comenzaban a cansarse y hacían menos viajes, pero más largos y se tomaban más tiempo para disfrutar de cada misión. Cada vez que volvían a llevar el aceite hasta el día eterno, creaban un nuevo dibujo en su vuelo. Así, cada viaje se transformaba en una obra de arte, una ofrenda que entregaban con mucha dedicación a la

Gran Planta. Los viejos plantícolas eran una fuente de inspiración para los más jóvenes.

Así, el plantícola más viejito de todos observaba cómo se desarrollaba la vida en su planeta. Este plantícola tenía una cualidad particular: él no se cansaba. Ya el resto de los que habían nacido con él, en la misma camada de capullos, se habían dejado sumergir en el agua para desintegrarse. Él era distinto. Los plantícolas no tenían nombres, pero yo lo llamaré Zhur, para diferenciarlo del resto.

Zhur estaba viajando y dibujando una flor muy grande y sofisticada en el cielo. Al cumplir su misión, después de untar el aceite en las hojas de la Gran Planta, bajó a la noche eterna, hundió sus seis pies verdes en el agua y cerró sus ojos para meditar.

De pronto, una idea apareció en su mente: «Quizás este haya sido mi último viaje y ya debería dejarme hundir en el agua para desintegrarme». Pensó Zhur. No estaba cansado y, aun así, se dejó hundir. Cuando ya estaba completamente sumergido, tuvo otra idea: «Voy a nadar», pensó. Comenzó a mover sus alas y supo nadar, y nadó, y nadó hasta que llegó al fondo, donde ya no pudo seguir nadando. Se topó con unas grandes rocas y pudo ver, entre ellas, un pequeño agujero. Decidió entrar. En este túnel oscuro, el nivel del agua cada vez bajaba más y

Zhur pronto volvió a caminar. Pudo observar que ya no era el mismo; sus alas se habían desintegrado en el agua.

Zhur disfrutaba mucho de investigar, se había pasado toda su vida observando a los otros y sacando conclusiones en su mente verde de plantícola. «Aquí abajo, no hay luz... No tardaré mucho en morir», pensó mientras seguía caminando. De pronto, comenzó a sentir que el túnel se iluminaba cada vez más y que su cuerpo comenzaba a secarse. Entonces, el sabio plantícola vio algo que jamás había visto antes: una enorme masa de energía luminosa del mismo color que el Sol Rojo. Era una gran fogata que emitía luz y calor. Zhur pronto descubrió que no era una, sino muchas fogatas y todas formaban un círculo de fuego. En su interior yacía un enorme cuenco con una sustancia oscura que albergaba al cuesco negro, aquel que alguna vez había sido el Sol Verde, y que se había transformado en un enorme bulbo, en una semilla gigante sin raíces de la cual crecía el grueso tallo de la Gran Planta.

Zhur estaba maravillado; había llegado al corazón de su amado planeta. Allí decidió quedarse, a recibir el alimento de esa nueva fuente de luz y se sentó a meditar. Cerró sus ojos y luego de un rato los decidió abrir para observar el fuego. Su percepción comenzó a agudizarse y empezó a recibir visiones sobre la vida en otros planetas, en otras galaxias, allí donde existían soles de todos los colores, colores nuevos que él nunca había visto antes. Su mundo, ahora, se había expandido; el Maestro Zhur ya era testigo de todo el Universo.

San no quería aceptar la realidad, pero la casa en la que vivían entre los árboles frutales ya estaba a la venta. No había nada que él pudiese hacer. O al menos eso creía... Entrar a la casa fría en esas tardes soleadas de verano, sentarse a jugar bajo la sombra de los árboles, recolectar frutas cada verano, sentir el olor a pasto fresco, cazar mosquitos en la tarde, arrancar las cortezas de los troncos, inventar pasadizos en el laberinto del cañaveral, agrandar su campamento, dibujar en la casita del árbol... Todo lo que él hacía en sus días, todo lo que más le gustaba hacer, vivir entre los árboles, todo su mundo, se iría transformando en simples recuerdos borrosos... La casa ya estaba a la venta. Solo faltaba que se concretara su peor pesadilla: irse a vivir a un pequeño espacio cuadrado, un espacio simétrico y duro, con paredes bien terminadas donde su alma salvaje quedaría aplastada, chata y sin vida, igual que el regular y aburrido piso de su nuevo «hogar». Atrás quedarían las baldosas rotas de la cocina y la puerta del cuarto de su mamá, que hacía ruido porque cerraba mal, atrás quedaría el olor a humedad y las goteras y todos esos recovecos y escondites que le hacían sentir que podía viajar con su imaginación a mundos inventados.

Semilla Task había tardado 2 horas y 19 minutos en quedarse dormida. Cada año era lo mismo, el primer día de clase lo sentía como la peor tortura. Se trataba de imaginar cómo iba a ser, qué iba a decir, dónde se iba a sentar, se imaginaba tantas caras y situaciones... Estaba nerviosa y su mente no paraba de pensar. Una parte de ella presentía lo que le esperaba. A las 07:00 de la mañana, su mamá apareció para despertarla. Semilla saltó de la cama. Ya era el momento. Miró su cara de dormida en el espejo del baño y se angustió. Estaba llena de granitos. «¿Por qué el ser humano tiene que sufrir tanta humillación?», pensó y dos segundos más tarde se sintió una desagradecida con la vida por pensar así, teniendo tanto y, a la vez, solo quería una cara normal. Se miró a los ojos. Esos dos ojos la iban a acompañar por siempre. Pensó en su mamá biológica. ¿Cómo habrían sido sus ojos, su cara, su piel, su olor, su voz, su abrazo? ¿Cómo no podía, ni siquiera, tener una foto de ella? Se hacía tarde. Lavó su cara, que se vio aún más roja, lavó sus dientes, peinó su cabello crespo y se apuró en vestirse, pero sin muchas ganas.

El Maestro Zhur seguía meditando entre los túneles subterráneos del planeta Planta. Con el tiempo, había podido comenzar a percibir, telepáticamente, los sentimientos y pensamientos de otros seres en diferentes partes del Universo. Su poder para ver en la oscuridad se hacía cada vez más poderoso. En toda su historia de meditador, jamás había percibido pensamientos o sentimientos plantícolas, por lo que asumió como regla general que los plantícolas eran seres no sintientes. Hasta ese momento, el Maestro Zhur estaba seguro de que los seres del planeta Planta no experimentaban emociones, ni pensaban y que su manera de vivir era puramente desde el instinto. Reaccionaban a los estímulos, pero no reflexionaban; su pulsión era actuar como seres vivientes de su única posibilidad, el presente... Los plantícolas no necesitaban comunicarse entre sí, o reproducirse, la Gran Planta los creaba.

El Maestro Zhur comenzó a observar a otros seres en otros lugares del Universo y descubrió diferentes formas de habitar, también observó otras formas de reproducción, seres que gestaban a otros seres en su interior. El Maestro Zhur, de pronto, percibió un movimiento emocional que provenía de su propio planeta. Por primera vez en su vida de receptor, percibió los sentimientos de un plantícola. Los sentimientos provenían de uno de los capullos que crecía bajo una de las hojas de la Gran Planta.

Había una pequeña plantícola que estaba a punto de nacer y desbordaba emoción. Emanaba una especie de euforia mezclada con adrenalina. El Maestro Zhur se maravilló. Sería una gran aventura seguir de cerca las experiencias de un ser sintiente en el planeta Planta. Aunque ella no lo supo, él la decidió nombrar Molécula. Y comenzó a llamarla telepáticamente, le habló con palabras de aliento que había aprendido en sus viajes de consciencia. De pronto, Molécula respondió a su llamado y el capullo se comenzó a agrietar. Al romper su capullo, la pequeña Molécula emitió un gran grito de alegría, de liberación, un canto de bienvenida a su nueva vida: «¡Molécula!» dijo fuertemente a los oídos del Universo y comenzó a cantar.

¿Esta plantícola podía utilizar el sonido de su voz? Zhur observaba toda la escena con sus ojos fijos en el fuego. Desconocía que los plantícolas tenían la capacidad de hacer sonar sus cuerdas vocales. El sabio decidió intentarlo y abrió su boca para reconocer su voz, que salió poderosa retumbando entre las rocas de los túneles del planeta Planta.

Allí afuera, en el día eterno, Molécula escuchó la voz del Maestro Zhur y supo que era la misma voz que le había dado su nombre. Desplegando sus alas, sonrió y bajó a la noche eterna, su misión estaba clara, iba a buscar el aceite de la espuma del agua. Voló cantando y observó cómo los otros plantícolas, inmediatamente, detuvieron su trayecto para escuchar por primera vez cómo sonaba una melodía.

El Maestro Zhur sonrió. Una parte de él intuía que ese ser recién nacido había sido creado para representar al planeta Planta en un mundo desconocido.

Los laboratorios terrícolas oficiales del 2098 no eran muy distintos a los famosos colegios o escuelas que habían existido en la Tierra durante siglos. Las asignaturas se dividían en dos: ramas creativas y científicas. A Semilla le gustaban ambas. Era muy buena experimentadora, le gustaba aprender, pero sufría mucho al exponerse a los ojos de los demás niños y niñas.

Semilla suspiró y se dijo que solo le quedaban dos años y listo. Desayunó sus nutrientes en píldoras como todos los días y se fue al laboratorio en su pie volador. 93 minutos después, su vida ya nunca volvería a ser la misma.

Al principio, todo iba bastante bien, pero al volver a la sala tecnológica, después del recreo, se vio a sí misma dibujada en la pizarra digital. El dibujo era gigante, al igual que ella al lado de sus compañeros, su cara estaba llena de puntos rojos de los que chorreaban gotas de sangre. Alrededor de su cabeza, alguien había dibujado varios pájaros sobrevolándola. Uno de los pájaros, de pronto, se le acercó más y se le paró en la cabeza. El pájaro era grande y negro y comenzó a picotearle la cara.

Semilla estaba inmóvil mirando la pantalla digital, mirándose a ella misma dibujada. Parecía una de sus pesadillas. Giró su cabeza al otro lado de la sala y vio que todos sus compañeros estaban sentados, ella era la única que estaba parada, observando cómo un horrible pájaro le lastimaba su cara digital en la pizarra. Sintió cómo una fuerza le estrujaba el estómago, al tiempo que las manos le transpiraban, un nudo se instaló en su garganta. De pronto, escuchó los gritos del pajarraco. Ese cuervo asesino de autoestima, mientras le destrozaba su carita, decía con voz rasposa: «Mmm, ñami, ñami, gracias, Semilla, por las semillitas de cada día».

Y luego, claro, escuchó las risas, risas de sus compañeras, de sus compañeros. No estaba segura de dónde venían, si eran reales, si venían de los parlantes de la pizarra o existían en su mente, pero no pudo soportar más y corrió. ¡Tanto esfuerzo se habían tomado en humillarla! Corrió lo más rápido que pudo y se encerró en el baño.

Nadie pudo lograr que saliera de allí, ni sus profesores, ni la psicóloga, ni el director del laboratorio.

Su mamá llegó después de unos minutos a buscarla para llevarla a su cúpula. Había sucedido eso que Semilla creía preferir, que finalmente alguien se atreviera a manifestar esa burla latente. Ese ataque silencioso, que sentía hacía tanto tiempo en el aire, había tomado cuerpo.

Sí, la burla había salido a la luz y su vida ya nunca más sería la misma. La pequeña lloró y lloró hasta que se cal-

mó un poco y, mirando a su mamá con sus ojos llenos de
lágrimas y la cara roja como un tomate, dijo:

—Y ahora, ¿qué? ¿Cómo sigo ahora?

Fuerza Alienadora era alérgica al oxígeno, igual que sus antepasados, los plutonianos. Todo su ser holográfico corría el peligro de oxidarse ante el simple contacto con el oxígeno. No necesitaba respirar, tampoco necesitaba alimentarse. La única fuente de energía que la mantenía viva era el pequeño rayito de sol que estaba capturado en su exótica lámpara personal.

Fuerza tenía una batería externa que necesitaba cargar al 88 % para poder desconectarse un rato de su computadora y estirar sus largas piernas paseando por el planeta. La luz que la alumbraba y le daba vida era necesaria, pero no suficiente.

Fuerza Alienadora era un ser deseante y quiso más calor. Debía encontrar una forma de acercarse más a ese glorioso sol.

De pronto, tuvo una idea… Había una manera de volver a su planeta más liviano, más móvil… ¡Lanzar imanes al vacío! Si ella se mantenía disciplinada, utilizando sus cargas de batería para limpiar la superficie de los viejos escombros magnéticos… Probablemente, el planeta Plutonio podría comenzar a seguir al Sol Amarillo cuando volviese a pasar cerca…

Hizo sus cálculos. Tenía 18 000 años para cumplir su meta. Iba a concentrarse, en vez de pasear sin rumbo, se concentraría en el plan.

Fuerza Alienadora quería luz y calor. Ese era su objetivo de vida y su gran voluntad era su mayor fortaleza.

—Semillita, recuerda que debes tener cuidado con lo que deseas, porque se hace realidad… Hoy se cumplió lo que deseabas. ¿Cuántas veces me dijiste que preferías que te gritaran insultos en vez de esas miradas silenciosas? —prosiguió suavemente su mamá—. Tú eres muy sabia, tenías razón, lo que sentías era cierto. Tu teoría se comprobó, quizás ahora te liberes de la presión que sientes desde hace tanto tiempo. Pudiste llorar bastante, eso es bueno para poder avanzar sin tristeza.

—Sí, ya no quiero llorar más —dijo Semilla con voz bajita.

—Creo que necesitas hoy a Molécula más que nunca, para que te ayude en tu proceso de evolución.

—¿A mí? —exclamó Semilla—. Ellos fueron los involucionados, me burlaron, se rieron de mí, me hicieron sentir humillada.

—Semilla, ellos tendrán que pagar las consecuencias por sus actos, como lo hacemos todos. Tú, por tu parte, hoy más que nunca, necesitas a la molécula naranja de oxitocina y, sobre todo, a la molécula morada de endorfina. Alegría y valentía para entender lo que pasó y seguir. Debes bañarte de esos colores para no transformarte en un nuevo ser lleno de dolor, odio, resentimiento. Esta es una gran prueba, es difícil no autodestruirse cuando situaciones como esta te sacan de tu eje evolutivo, lastimando tu autoestima. Enojarte y entristecerte es necesario, ¿pero por cuánto tiempo? Tú decides cuánto tiempo tardarás en volver a tu esencia.

—¿Mi esencia?

—Semilla, todo eso que quieres para el mundo, lo que quieres para otros, eso es tu esencia. Tu lucha es no dejar que la otra fuerza la opaque en ti como hace en tantos otros seres.

—¿Y cuál es esa fuerza?

—No lo sé, mi amor, pero todos la tenemos dentro y puede hacernos olvidar nuestro verdadero fin.

—Nos aleja de ser felices…

—Sí. Ahí tienes un verdadero desafío, una prueba difícil. Mantenerte feliz cuando todo a tu alrededor te agrada es muy fácil. Encontrar la felicidad cuando las situaciones que se presentan te desagradan, es símbolo de grandeza. Todos podemos optar entre ayudarnos a nosotros mismos o condenarnos a ser las víctimas de lo que nos sucede. La realidad es la realidad. Hay dos opciones: aceptarla, permitirte el dolor y seguir adelante, o resistirte y quedarte atrapada en el sufrimiento por siempre. Es importante llorar y expresar el dolor y la ira, o cualquier otro sentimiento, y es igual de importante decidir dejarlos atrás y volver a brillar con emociones que te permitan crear y seguir con tu misión. Semilla, tú eres el Universo;

cuando te sientes la víctima, te separas de él, y eso es lo que te ha traído ese constante sentimiento de tristeza. Ahora la vida te regala una oportunidad para que llores de una vez todo lo que te duele y salgas de esta situación con todo el poder que tienes… Tú decides.

—De mí depende…

Su mamá la miró fijamente, sonrió y dijo:

—Ahora, dime tú, ¿cómo sigues?

Efectivamente, pasaron los 18 000 años y Fuerza Alienadora logró cumplir su misión. Cuando el Sol Dorado volvió a acercarse al planeta Plutonio, sucedió lo que ella más deseaba: su pequeño planeta comenzó a seguirlo y se transformó en el noveno planeta de la gran estela del Sol Dorado. Ese fue el origen de Plutón.

La poderosa presencia se sintió inquieta, no era suficiente, ella quería más calor, quería sentir su cuerpo caliente por primera vez en su helada vida. Entonces, Fuerza Alienadora tuvo otra idea: «¿Qué tal sería mudarse a otro planeta, a alguno más cercano al bello y ardiente Sol Dorado?». Comenzó a investigar con su computadora, necesitaba un nuevo deseo, un destino ideal… Pronto, tomó una decisión: «Me mudaré al planeta Tierra».

Semilla Task había estado deprimida durante 27 minutos. Todavía no sabía cómo iba a enfrentar el próximo día de laboratorio, pero aprovechó la tarde libre para avanzar en su proyecto. Subió al Frutátomo y vio todo ese universo de una forma completamente distinta, lo vio como nunca antes. No pensó ni un segundo en las críticas ni en las miradas. Realmente se sentía liberada. Estaba inspirada, la conversación que había tenido con su madre le había dado una idea: «¿Podría ser posible que todos los humanos tuvieran dentro una batalla entre dos fuerzas opuestas? ¿Una fuerza de creación, esa esencia evolutiva y, además, otra fuerza, una que parecía no ser de nuestra naturaleza, una energía destructiva, involutiva que nos quería arruinar nuestros más puros sueños?». Esa fuerza poderosa amenazaba constantemente con alejarnos de nuestra misión, de ser felices, de cuidarnos a nosotros mismos, los unos a los otros y al planeta. «¿Era posible que esta fuerza estuviese adormeciendo la alegría, la verdad, la valentía en las personas? ¡Sí! Tenía sentido, una fuerza que nos alejaba de nuestra mejor versión».

Semilla Task comenzó a visualizar a esta fuerza como a un virus. Tenía las propiedades de un virus, porque no nacía de nuestra esencia. Y, sin embargo, quería apoderarse de nosotros, utilizando nuestra energía para crecer, hasta quedarse con todo. Este virus estaba llevando a los seres humanos a pelearse con ellos mismos, con los otros y con su propio hogar. Era esa la fuerza que estaba llevando a los humanos a la autodestrucción.

Esa tarde Semilla descubrió que este virus había existido en ella durante mucho tiempo, haciéndola sentir triste y angustiada. Realmente sentía cómo aquella fuerza destructiva no la dejaba avanzar en su proyecto y la mantenía pensando en cosas que le hacían daño.

Quizás, una nueva manera de verlo era dejar de imaginar una lucha contra su mente y empezar a considerar luchar contra este virus que la tiraba hacia abajo, no la dejaba pensar, tener amigos o reír, no la dejaba ser feliz.

Comenzó a llamar a esta fuerza, «Fuerza Alienadora», con nombre y apellido, y claro, era la archienemiga de Molécula Espacial. Era el virus que alienaba a los humanos y Molécula el antídoto, la vuelta a la esencia.

Semilla se acababa de dar cuenta de lo soberbia que había sido. Ella creía que algunos seres humanos necesitaban evolucionar y que Molécula Espacial venía a guiarlos para lograr, entre todos, un mundo mejor. «¡No! Esa fuerza estaba ahí acechando, buscando un momento de debilidad para instalarse en cualquier cuerpo».

Eso significaba que no había ningún ser «certificadamente» evolucionado que estuviese a salvo de Fuerza Alienadora. Todo ser estaba expuesto a perder su esencia, todo ser corría peligro de perder su naturaleza y transformarse en una criatura llena de tristeza, de odio, de resentimiento y, obviamente, en un ser autodestructivo, destructor de sus semejantes y del planeta Tierra.

«¡Uf! ¡Qué alivio!», se dijo Semilla. Su corazón latía muy fuerte, se sentía desbordando claridad y llena de amor. Imaginaba a los niños y niñas del laboratorio intentando mantenerse felices, pero cayendo en las trampas de Fuerza Alienadora. Ella también había caído, muchas veces... Lo que había descubierto estaba cambiando su forma de ver el mundo. En la Tierra, no existían pocos seres evolucionados y muchos involucionados, como todos creían.

Todos los terrícolas eran evolucionados solo que algunos estaban alienados y, de a poco, comenzaban a olvidar su esencia, estaban destruyéndose, destruyendo a los otros y el planeta.

Semilla Task había entendido que, si todo ser podía alienarse, el proyecto de Novogén no servía para nada. Todo ser podía olvidar su esencia, sin importar su genética de genio. Sonrió. El mundo se veía tan diferente ahora.

—¡Semilla! —la llamó a la mesa su mamá.

San lloró todo el día, no quería aceptar la realidad, simplemente no quería, se negaba a dejar su casa entre los árboles, no quería ser un niño de ciudad, un niño del cemento. Cuando comenzó el atardecer, subió a su casita del árbol. Miró al cielo oscurecido y observó las primeras estrellas que comenzaban a brillar, escuchó el canto de los grillos, respiró el aroma de la tarde y, mirando fijo a una estrella, la más grande que encontró, dijo en voz alta:

—¿Hay alguien escuchando? ¿Alguien? ¿Alguien que pueda ayudarme? ¡No quiero vivir en la ciudad! ¡Quiero vivir en los árboles! No quiero vivir en el cemento, me gusta estar acá, en la tierra… Por favor, suplico ayuda… Nunca pedí nada… —. Y comenzando a llorar, dijo por última vez— ¡Ayuda!

San lloró toda esa noche. Su mamá lo fue a buscar, porque se había hecho tarde. No hubo forma, no quiso bajar de su casita del árbol. Toda su vida había vivido en un pequeño rancho antiguo de los últimos que quedaban sobre el planeta Tierra. San supo que aquel día su infancia terminaba, le tocaba aceptar la realidad o encapricharse deseando algo diferente a lo que le estaba sucediendo. ¿Significaba que tenía que rendirse, aceptar su destino de ser un niño de ciudad, un niño de cemento? No es que no entendiera la situación, su mamá necesitaba el dinero, pero había algo en él que aún creía que algo sobrenatural podría llegar a ocurrir, algo fuera de lo común, algún vuelco inesperado en la historia de su vida…

Al día siguiente, Semilla Task se levantó con una sonrisa en la cara. Se había dado cuenta de que dependía de ella ponerse triste, enojarse, sentirse humillada o, por el contrario, ser fuerte e intentar confrontar sus miedos a la crítica y las burlas de sus compañeros. Era el segundo día de laboratorio y tenía un plan, una estrategia. Esta era su oportunidad. Si sus compañeros la habían burlado por los granitos de su cara, ella iba a hacerlos aún más visibles. Era realmente cierto, uno siempre podía estar peor y eso era parte de su plan. Semilla se pintó cada granito rojo y los hizo parecer más grandes. Con pintura se pintó unas gotas rojas, que le chorreaban de cada punto, como si fuesen gotas de sangre. Su mamá se asustó tanto al verla despierta antes de las 07:00 de la mañana y con la cara ensangrentada como en una película antigua de terror que gritó tan fuerte como nunca. Semilla se rio a carcajadas, se sentía segura detrás de esa especie de máscara que había inventado. Cuando llegó al laboratorio, le pidió permiso al profesor de Fitoterapia para decirles unas palabras a sus compañeros. Las manos le transpiraban y sentía su corazón acelerado... Sus compañeros la miraron en silencio. Ella se paró frente a todo el salón y se tomó un momento para empezar a hablar, quería dar dramatismo a su discurso... La cara de Semilla se veía igual que la de la pantalla, como si realmente hubiese recibido el ataque del pajarraco digital, pero en la vida real, de carne y hueso, con sangre y todo.

—Ahora ya no me asusta ni me da vergüenza que me miren con asco y desprecio —Semilla estaba seria y hablaba fuerte y pausadamente como una actriz dramática.

—Pueden mirarme la cara con una lupa, mirar cada grano que esté a punto de explotar... No me esconderé —dijo firmemente mientras sacaba de la manga de su traje plateado una toalla pequeña y húmeda y se limpiaba la cara.

—Les deseo a todos que se puedan liberar del peso de las miradas de los otros y de la presión que sienten por encajar, por ser aceptados por los demás. También quiero agradecerles, ayer fue una de las peores mañanas de mi vida que se transformó, sin duda, en la mejor tarde. Valió la pena mi sufrimiento. Quiero decirles que los perdono, porque sé que no es su culpa comportarse así, ustedes también sufren, como sufrimos todos los que aún no nos hemos liberado de Fuerza Alienadora. Gracias, profesor.

—No hay por qué, señorita Task —dijo el profesor confundido y a la vez curioso. ¿Quién era Fuerza Alienadora? Él también se sentía un fracasado que no encajaba en ningún lado.

—Ah, una última cosa —dijo Semilla—. Quiero hacer un anuncio... Estoy creando un proyecto científico para reemplazar a la alternativa planteada por Novogén. Si alguien quiere sumarse al equipo, pueden acercarse a mí en el recreo. Gracias, profesor.

La sala estaba en silencio, Semilla se reía por dentro... pero aún faltaba el cierre de su acto, aún no podía abandonar su personaje. Semilla se acarició la cara con dulzura, sonrió y dijo cantando:

—¡Soy libre!

Luego volvió a su puesto químico.

El Maestro Zhur se sintió confundido, esto era una gran contradicción... ¿Cómo era posible que un niño terrícola pidiera ayuda para vivir en la tierra? Intentó percibir más información, pero por alguna extraña razón, no pudo lograr telepatía con otro ser de aquel remoto planeta. Había una extraña energía, como una especie de barrera que no permitía que su poderosa conciencia ingrese a la atmósfera terrícola. Perdió el contacto con el niño y aunque intentó e intentó volver a verlo, no lo lograba. El Maestro Zhur estaba frustrado, era una nueva sensación para él... Sentía que su gran don lo había ayudado a ver una situación muy dolorosa, pero ahora se sentía impotente, frustrado porque no había nada que él pudiese hacer desde los túneles subterráneos del planeta Planta para ayudar a aquel pequeño terrícola... Algo más tenía que hacer... «Si no puedo llegar a la Tierra con los viajes de consciencia... Encontraré otra manera de llegar allí» se dijo a sí mismo, convencido.

Después de su discurso ensangrentado, Semilla Task se sintió muy poderosa. El resto de la clase fue normal y por primera vez disfrutó mucho de aprender, se dio cuenta de cómo después de haberse liberado de todas esas emociones, se sentía más liviana y receptiva para prestar atención a los conocimientos nuevos que se le presentaban. Sonó la música clásica y cuando estaba por salir corriendo al recreo, fue interceptada. Sus ojos se toparon con los de Ito.

—Hola, mi nombre es Ito…

Semilla sintió un torbellino de emociones.

—Hola, Ito, soy Semilla.

—Sí, lo sé.

—¿Hoy es tu primer día?

—No, ayer.

—Ah…

Habían sido dos días intensos, no había podido concentrarse en observar a los chicos nuevos… ¿Cómo no lo había visto? ¡Y qué vergüenza! Él la había visto ayer y hoy con su discurso ensangrentado… Semilla se sintió expuesta.

—Semilla, me gustaría saber más de ese proyecto científico.

El corazón de Semilla Task se llenó de alegría, eso sí que no se lo esperaba… Era el primer niño que se le acercaba a hablarle así en toda su vida y ¡quería saber de su proyecto! Semilla estaba nerviosa, pero abrió su boca y las palabras salieron a borbotones...

—Lo más importante es que este proyecto no ve a la humanidad como dividida en seres evolucionados e involucionados. Es que todos somos evolucionados, pero al alienarnos nos volvemos autodestructivos, todo ser puede olvidar su esencia ante Fuerza Alienadora. Ella es un virus, anoche se me ocurrió que su procedencia puede ser Plutón.

—No estoy entendiendo nada... ¿No es este un proyecto científico?

—Sí, lo es... Pero no es solo eso, hay un contexto, necesito que escuches y veas lo que estoy diseñando —Semilla se puso seria—. Y necesito ayuda. Un equipo.

—No sé en qué puedo ayudar, solo me gusta mucho jugar al ajedrez y me gustan los proyectos...

—¿Te gustaría conocer el Frutátomo donde creo a las moléculas?

Ito la miró con los ojos muy abiertos y sonrió.

—Mmm... ¡Sí!

—Te invito hoy mismo. ¿Puedes?

—Sí.

Semilla estaba revolucionada. ¿De dónde le salía esa seguridad? ¿Lo acababa de invitar al Frutátomo?

Salió corriendo al recreo. ¿Cómo podía ser tan increíblemente especial su vida? Ito había llegado de la nada a hablarle y ya le estaba hablando de Molécula... Era lo que siempre había esperado.

San pudo ver, a lo lejos, a un auto volador acercándose más y más.

—Mamá… Viene alguien.

—¡Aaah! Es el Sr. Popov, viene a resolver la firma del contrato…

—¿Qué? ¡Tan rápido! ¡No me dijiste nada!

—San, sé que te pone muy triste todo esto. A mí también, pero en la vida hay que tomar decisiones y la adulta soy yo, soy la responsable de decidir qué es lo mejor para nosotros. Punto, no hay discusión. Por favor, sé amable con el Sr. Popov que es muy gentil y nos consiguió una buena oportunidad. Nos vamos a vivir a una cúpula con jardín.

—¿Se supone que tengo que festejar? Mamá no es lo mismo. Los jardines están todos arreglados, no hay ni un lugar donde esconderse… A un león lo sacan de la selva y lo llevan a una celda con un árbol de decoración… No me pidas que sea amable, me voy a la casita del árbol porque no lo quiero ni ver.

Dijo San mientras salía por la puerta de la cocina.

Después del recreo comenzó la clase de nutrición y Semilla desbordaba alegría. Cruzó miradas con Ito y le sonrió desde su puesto químico. El resto de la jornada fue tranquila. Semilla sabía que sus compañeros hablarían del discurso ensangrentado, pero ya no le importaba. En su mente formulaba un plan, tenía que pensar cómo le iba a explicar a Ito sobre Molécula, ¿cómo iba a convencerlo para que formara parte de su equipo?

Semilla Task nunca había invitado a nadie a subir al Frutátomo, estaba muy entusiasmada, pero de pronto se sintió insegura. ¿Acaso se estaba volviendo loca creando la historia de las moléculas, inventando sus trajes, accesorios, armas…? ¿Cómo podrían transformarse en algo real, en una solución real para el mundo? Durante los últimos años no había hecho más que inventar hipótesis. Estaba equivocada… ¿Qué tenía de científico su proyecto más que el nombre? Era patético… Estaba inventando puras fantasías. Se sintió desolada… Ito era la primera persona que se le acercaba y lo iba a decepcionar. Se arrepintió de haberlo invitado, él iba a pensar que estaba demente y que todo ese mundo de macromoléculas era un cuento infantil sin sentido científico ni coherencia.

Se acababa el tiempo, estaban en la última experiencia del día, en la cocina creando combinaciones de nutrientes encapsulados. A Semilla le gustaba mucho esa clase, pero ahora su mente estaba en otro lado y no tenía que ver específicamente con el miedo a la burla, la crítica de la cual se había liberado... ¿O sí? ¡Claro que sí! ¡Por supuesto que tenía que ver con eso, no había superado el miedo a ser criticada! Otra vez, Fuerza Alienadora quería derrotarla. No lo iba a seguir permitiendo, comenzó a respirar hondo y se concentró en la clase. 17 minutos después, sonó la música clásica del fin de jornada. Semilla volvió a concentrarse en su respiración y se dijo a sí misma: «Todo está bien... Disfruta de este momento único que sucede aquí y ahora. No te juzgues».

—Semilla —era la voz de Ito— su corazón comenzó a latir como un tambor africano.

—¿Vamos ahora? —preguntó.

—¡Sí!

Semilla Task se dejó llevar... Estaba por suceder. No quería escapar del presente imaginando lo que venía. No quería ilusionarse, ni crearse expectativas... Respiró hondo. Ito también tenía un pie volador. Ambos volaron hasta la cúpula de Semilla. Al llegar, su madre se sorprendió y una sonrisa gigante se dibujó en su cara...

—Adelante.

—Mamá, él es Ito... Es nuevo en el laboratorio y viene a conocer el Frutátomo.

—Hola Ito, qué alegría conocerte. Mi nombre es Muak.

—Hola... ¡Me gusta la cúpula! ¡Gracias por recibirme!

—dijo Ito con mucha soltura.

Semilla estaba impresionada, ¿era real? Nunca había conocido a alguien así... Estaba muy nerviosa...

—¡Qué alegría conocerte! ¡Y me hace muy feliz que estés aquí! Antes de subir, siéntense a tomar unos batidos energéticos —dijo la mamá de Semilla.

Los jóvenes se sentaron uno frente al otro a tomar sus batidos. Cada uno tomó un batido verde y luego uno morado, se miraron a los ojos sin decir una palabra. Por fin, se estaban conociendo.

El Maestro Zhur, cansado de no obtener respuestas de la Tierra, decidió, por primera vez en su vida como receptor, emitir un llamado de emergencia al campo de la consciencia universal.

—Conciencias telepáticas del Universo, me dirijo a ustedes esperando recibir apoyo... He percibido vibraciones de dolor provenientes del planeta Tierra, seguidor del Sol Dorado. Estoy inquieto, porque no he podido volver a conectarme con conciencias de esta atmósfera. Detecto un campo magnético fuerte rodeando al planeta que no me deja comunicarme con sus seres sintientes.

La respuesta fue inmediata.

—¡Maestro Zhur! Lo escucho atento y me reporto para dar mis servicios, soy un viajero galáctico, explorador del espacio y me hago llamar El Curioso.

El Curioso era un ser de aproximadamente dos metros de altura, con una pálida piel violeta. Su origen era desconocido; ni él mismo recordaba dónde había nacido. El Curioso siempre había sido curioso y siempre había estado viajando por el Universo en su pequeña nave espacial.

El Curioso le propuso al Maestro Zhur emprender un viaje de exploración a la Tierra, manteniendo el contacto con el sabio plantícola, que lo estaría guiando con sus poderes telepáticos desde los túneles subterráneos del planeta Planta.

Cuando el viajero violáceo llegó a la atmósfera terrícola, efectivamente vio un poderoso campo magnético rodeando a la Tierra. Observó que esas radiaciones provenían de otro lado, pero estaban cubriendo toda la superficie... El Curioso comenzó a seguir la onda magnética sin saber a dónde lo llevaría.

A medida que se iba alejando de la Tierra, siguiendo la pista, se hacía cada vez más oscuro. El Sol Dorado comenzó a dejar de sentirse y El Curioso empezó a sentir frío. Y así siguió y siguió avanzando, hasta que, de pronto, ya en la oscuridad total, pudo ver un pequeño planeta a lo lejos... No estaba seguro, pero creyó vislumbrar una pequeña luz prendida entre las sombras más oscuras que jamás había visto en toda su larga vida curioseando por el Universo.

Semilla estaba muy nerviosa; subieron las escaleras y entraron al Frutátomo. Ito observó curioso sin decir una palabra. Semilla le dio un pequeño libro. Y le dijo:

—Me gustaría que leas esto.

Ito se sentó con las piernas cruzadas y comenzó a leer en voz baja; era la tercera vez en su vida que tenía un libro en sus manos. Ito pasaba las páginas, leía y observaba los dibujos.

—Bueno, hasta ahí llegué, eso último lo escribí ayer después de lo que pasó en el laboratorio. Dijo Semilla.

Ito la miró preocupado y le preguntó:

—¿Cómo se cura el virus?

—El antídoto para el virus es… Molécula Espacial, en sus siete versiones, cada una de un color del arco iris, cada una ayuda a los terrícolas en las siete fases del virus.

Semilla comenzó a mostrarle a Ito las moléculas de colores que había diseñado. La molécula naranja de oxitocina recupera la alegría en los terrícolas a través de las vibraciones del canto; la amarilla de polen, la verdad a través del ritmo de la respiración; la verde de clorofila, el amor por la naturaleza a través del deseo de plantar; la azul de sulfato de cobre, el deseo de limpiar la suciedad del mundo a través de la voluntad de la danza; la índigo de dopamina, la libre expresión de los terrícolas a través de la eliminación de vergüenzas y miedos; la morada de endorfina, la valentía a través de la buena postura corporal; y la roja de hemoglobina, la paz en los seres humanos a través del despertar de la empatía. Los siete colores del arco iris deben despertarse en todos los humanos.

—Comprendo —dijo Ito—. ¿Esta es tu forma de explicar el mundo? ¿Por qué piensas que a alguien le podría interesar la historia de Fuerza Alienadora y las moléculas?

Semilla Task sintió un golpe en el pecho.

—Mmm… No sé a quién le puede interesar; a mí me ayuda entender el mundo de esta forma y pienso que podemos hacer más por nosotros mismos y no dejarnos vencer simplemente...

—¿Y para qué estás creando cerbatanas, dardos, bombas de polen, tiaras, diseñando trajes? ¿Quieres abrir el museo de Molécula Espacial? —dijo Ito.

—No hace falta que seas tan hiriente; si no te interesa el proyecto, puedes irte, no tienes por qué criticarme.

—Semilla, no te estoy criticando, solo te pregunto; intento que lo aclares en tu mente ¿Qué es lo que quieres lograr con esto…? Necesitas definir hacia dónde va el proyecto.

—¿Definirlo?... A mí me gustaría que todos conocieran este modo de ver el mundo y así luchar para terminar con el proyecto Novogén.

—Me gusta tu plan, Semilla Task. Tú debes convertirte en Molécula.

—¿Yo?

—Semilla, yo también vengo pensando en esto... en encontrar la manera de detener el proyecto de Novogén. En cualquier momento lo volverán una ley y estará prohibido para los humanos crear hijos desde el amor y de forma natural... Intentarán que todos los humanos sean novogenes.

Semilla Task miró a los ojos de Ito Harrison. Ito Harrison miró a los ojos de Semilla Task.

—Tenemos que crear un traje especial que podamos pintar para que tú seas las siete moléculas y aparezcas en el laboratorio. Los otros niños van a conocer lo que está pasando con el virus de Fuerza Alienadora. Luego, tendremos apoyo y lograremos que las personas se comprometan a luchar contra el virus de la alienación. Todos deben conocer a Molécula y ahí nos manifestaremos contra Novogén.

—Ito, el plan suena perfecto, pero es mucho trabajo...

Tengo a dos personas en mente, son de mi antiguo laboratorio. Saben mucho de ciencias... Ellos podrían ayudarnos a crear el traje y a desarrollar más ideas para volver real a Molécula Espacial.

Al día siguiente, las burlas comenzaron cuando Ito se acercó a Semilla al comienzo de la jornada. Semilla escuchó los silbidos y se puso roja como un tomate; Ito, en cambio, siguió como si nada hubiese pasado.

—Semilla… Buenas noticias, Horus y Surak vienen hoy al Frutátomo.

Semilla se sintió avergonzada; le gustaba mucho hablar con Ito, pero se puso tan nerviosa que no pudo responder. El profesor ingresó a la sala y todos fueron a sus puestos.

Se sintió una tonta; todavía le importaba lo que los otros pensaran… Ito le traía las noticias más esperadas de toda su vida y ella solo miraba hacia abajo, llena de vergüenza. Esto tenía que solucionarse de una vez; Fuerza Alienadora quería distraerla del plan maestro con inseguridades. Semilla respiró hondo y se enfocó en lo importante… ¡Horus y Surak iban a conocer el Frutátomo!

La reunión en el Frutátomo fue un éxito rotundo. Semilla Task no había terminado de preparar nada de lo que creía fundamental para su gran exposición. Molécula Espacial era tan real para ella que todo había fluido. Ito, Surak y Horus escuchaban atentos, analizaban los dibujos que Semilla les mostraba, las armas, los accesorios, todo eso que ahora debía adaptarse a Semilla Task para volver el mito de Molécula realidad. Horus tenía un don excepcional para las matemáticas y amaba descifrar números ocultos en la naturaleza; Surak amaba hacer experimentos y sabía todas las propiedades de cada elemento de la tabla periódica de memoria. Juntos se complementaban perfectamente. Desde ese día, el cuarteto macromolecular decidió juntarse todas las tardes en el Frutátomo para hacer realidad a Molécula.

Después de cuatro semanas de trabajo duro, habían creado un traje molecular blanco formado por una sustancia dura compuesta por un extraño polímero natural que Surak había creado al combinar principalmente dos polisacáridos: celulosa y quitina. Era una especie de pared celular antibacteriana, antimicótica e insoluble en agua que habían impreso por partes separadas y pegado con un adhesivo biocompatible a las sustancias que mantenía unidas mediante enlaces covalentes. De este modo, Semilla Task contaba con una movilidad sorprendente.

Además, habían creado unas tinturas naturales, una de cada color para pintar el traje blanco de cada uno de los colores de las siete moléculas diferentes, habían impreso una cerbatana de queratina, cinco dardos de almidón, tres bombas de aceites esenciales, una máscara de savia disecada y un arco postural de fibra óptica.

Por otro lado, Ito había creado un código para enviarse mensajes encriptados con Semilla mientras estaban en el laboratorio. Las burlas se hacían cada vez más pesadas y no podían arriesgarse a que alguien leyera algo de Molécula.

Al cabo de tres días más, Semilla Task saldría temprano al laboratorio en su pie volador como siempre, saludaría a su mamá como cada mañana y haría una escala en una cápsula de su tamaño que Horus estaba preparando en el bosque artificial. Semilla entraría en la cápsula y se vestiría de Molécula Espacial para volar al laboratorio en su pie, donde comenzaría su proceso de concientización.

La misión estaba clara y estaba sucediendo, Molécula Espacial iba a movilizar a los jóvenes contra Novogén.

Llegó el día, estaba todo ensayado. Ito interceptaría la pizarra digital en el momento preciso y apagaría las luces. Habían creado un holograma de Fuerza Alienadora con la actuación de Semilla pintada de blanco y rodeada de escombros en la oscuridad. Lo habían programado para invadir la sala del laboratorio y dejar a todos pasmados al dar entrada a Molécula Espacial.

Semilla Task estaba tan nerviosa que no había podido dormir; tenía clarísimo lo que tenía que hacer, lo que tenía que decir, pero el nivel de adrenalina en su cuerpo era demasiado alto. Semilla iba a dejar a Vatt, su *robot* personal, en manos de Ito para que pudiera filmar todo mientras él hacía su parte de la actuación. Todo estaba listo; la primera Molécula Espacial, la molécula naranja de oxitocina, recuperaría la alegría de todos en el laboratorio.

Semilla Task tomó a Vatt y se fue en su pie volador al bosque artificial, donde la esperaba su nueva identidad. Dentro de la cápsula, la esperaban el traje molecular y sus armas espaciales.

Al llegar al bosque, su corazón comenzó a latir muy fuerte. Estaba sucediendo, Molécula Espacial estaba por cobrar vida. Dejó su pie volador fuera de la cápsula y entró rápidamente. Tardó cuatro minutos en cambiarse. El traje molecular le quedaba a la perfección y la máscara de savia disecada no dejaba que su cara se viera. A Vatty lo llevaba en brazos, era pequeño como un osito de peluche. Semilla Task respiró el aire poco oxigenado del bosque artificial y se sintió Molécula. «Pronto el mundo será diferente», pensó. Caminó lentamente hacia el pie volador, tomando coraje para lo que le esperaba. De pronto, vio algo extraordinario.

Su pie volador estaba cubierto por una extraña sustancia blanca, parecía un musgo o una especie de hongo, un líquido rugoso formado por pequeños cristales. Lo más extraño era que se había generado en tan solo cuatro minutos. Semilla se acercó al extraño fenómeno. La luz de la mañana atravesaba los cristales que brillaban, creando un gran arco iris alrededor del pie volador. Semilla se acercó y se agachó para examinar los cristales. Nunca había visto algo así. No pudo contenerse y los acarició, queriendo descubrir qué textura tenían. Decidió tomar un cristal como muestra para llevárselo a Surak y que lo pudiese examinar.

Lo tomó con cuidado. Era suave, blando, esponjoso. Sin pensarlo, se lo acercó a la cara para olerlo. No parecía oler a nada... De pronto, comenzó a sentir que los dedos de su mano se adormecían. ¿Eran acaso cristales venenosos? ¿Cómo era posible que se hubiesen generado en cuatro minutos? La mente de Semilla se aceleraba, intentando encontrar alguna explicación a lo que estaba pasando. Se empezó a sentir débil.

¿Podría ser posible que Fuerza Alienadora la quisiera envenenar para arruinar los planes de Molécula? Semilla Task sacudió su cabeza; estaba delirando, ella había creado a estos personajes, eran fantasía...

De pronto, comenzó a ver borroso; algo estaba sucediendo. ¡Estaba a punto de perder la conciencia! Se sintió más y más débil... La voz de su madre resonó en su cabeza: «Semilla, nunca toques nada antes de saber qué es».

Esa mañana en el bosque artificial, Semilla experimentó ser Molécula Espacial durante cuatro minutos antes de caer desplomada sobre los misteriosos cristales blancos.

Semilla Task no se equivocaba; del otro lado del sistema solar, una silueta en la oscuridad la observaba yacer inconsciente en la pantalla de su computadora. Fuerza Alienadora estaba observando imágenes de la Tierra en vivo cuando escuchó a alguien decir su nombre por primera vez en su oscura vida...

Corría el año 2098, y todo iba a la perfección; el oxígeno había disminuido en un 78 % desde que había comenzado a poner en acción su plan. Fuerza Alienadora estaba muy confiada en que, en muy poco tiempo, podría irse a vivir a la Tierra. Estaba llena de fe... Lo estaba, hasta el preciso momento en que escuchó su nombre... «¿Cómo era posible? Era una niña, sola en el bosque artificial... Sin embargo, la estaba nombrando. ¿De dónde estaba recibiendo la información? ¿Acaso la estaban espiando?». Fuerza Alienadora comenzó a sentirse amenazada por primera vez en su helada vida. Esta tal Semilla Task planeaba informar a los terrícolas de su presencia y planteaba un antídoto al Virus del Cemento. «Tranquila, Fuerza», se dijo. «Es solo una niña. ¿Quién podría creerle?». Su plan maestro no tenía manera de fallar. Sin embargo, se sintió perturbada. Si Semilla Task sabía de su existencia, quizás no era la única. De pronto, Fuerza Alienadora se sobresaltó. Escuchó un ruido que quebró el silencio de la helada superficie de Plutón. Alguien estaba aterrizando en su pequeño planeta.

En el planeta Planta, la vida había cambiado desde que Molécula había nacido. Ahora los plantícolas viajaban cantando. En un planeta de seres instintivos, la música había conectado a los plantícolas con la emoción, la felicidad, la expansión. Molécula era una plantícola muy feliz, así había nacido, y constantemente sentía una expansión en su verde corazón cuando cantaba y viajaba bailando en sus viajes de la noche eterna al día eterno, ida y vuelta, sintiendo plenitud. Tenía la habilidad de crear la música que amaba bailar mientras viajaba... Molécula había desarrollado una nueva forma de hacer viajes, eran viajes musicales. La música en el planeta Planta cada vez era más poderosa, porque los cantos de Molécula eran contagiosos. Cada vez más plantícolas comenzaban a hacer sonar sus cuerdas vocales. Las vibraciones del planeta Planta se elevaban, y la Gran Planta crecía más esplendorosa que nunca, porque amaba los cantos de sus retoños.

Apenas puso un pie en Plutón, El Curioso sintió un escalofrío que le corrió por la espalda. Eso que veía a lo lejos, parecía ser una pequeña lámpara en medio de la oscuridad y, debajo de la luz, una figura alargada más negra que la misma noche plutoniana. El Curioso se ajustó el casco para asegurarse de que allí adentro su reserva de oxígeno lo seguiría manteniendo con vida mientras avanzaba con sus zapatos gravitatorios por la superficie plutoniana...

Bajo la lámpara, Fuerza Alienadora estaba inquieta; nunca en su vida había recibido una visita. Se sentía emocionada. A lo lejos pudo ver cómo una silueta grande avanzaba hacia ella con seguridad. Era un masculino; pudo reconocerlo por su manera de caminar. Fuerza nunca había tenido contacto con otro ser, pero sabía muy bien cómo se veían los seres masculinos; llevaba siglos investigando y viendo películas humanas desde su pequeña computadora. ¿Sería este masculino un humano? No había visto salir de la Tierra a ningún hombre en todos sus años de manipulación terrícola. ¿Acaso podría ser algún hombre longevo que se encontrara viajando hacia siglos por el Universo? ¡Qué emoción! Fuerza creía en las almas gemelas, solo que se había imaginado su vida en soledad. Aquel ser se acercaba mientras su mente fantasiosa ya había comenzado a imaginar su vida en el planeta Cemento acompañada de un bello hombre que le aplicara bloqueador en su pálida espalda cuando reposaran en alguna playa gris. ¿Un humano que no necesita oxígeno? Una combinación perfecta… Nunca se había imaginado esa posibilidad.

¡Qué agradable sería tener un novio humano antioxigenado! ¡Qué bellos eran esos especímenes! «Bellos, una pena que no puedan convivir conmigo» pensó. «Todo por culpa del estúpido oxígeno». Era ella o ellos… Eran ellos o el Sol. No le daba cargo de conciencia eliminar a los bellos terrícolas, ni a los aborrecibles árboles, ella no conocía esos sentimientos humanos. Fuerza Alienadora tan solo deseaba sentir el calor del Sol Dorado.

El Curioso seguía avanzando. Su ritmo cardíaco se aceleraba, lo que parecía ser una silueta negra era el vestido oscuro de una figura blanca pálida y casi traslúcida. Parecía ser un ser femenino, y parecía estar mirándolo. El Curioso se estremeció. Por un momento olvidó cuál era su misión. Había llegado a Plutón siguiendo las vibraciones que rodeaban al planeta Tierra, había llegado allí para informar al Maestro Zhur sobre lo que estaba sucediendo.

El Curioso se sintió intimidado, había confirmado en sus últimos dos pasos que esa silueta era femenina y que lo estaba mirando fijamente. Cuando ya estuvo relativamente cerca de ella, escuchó una risa poderosa y una voz que lo saludaba alegremente.

—¡Bienvenido, visitante! ¡Es un honor recibirlo en mi oficina!

El Curioso siguió acercándose hasta que pudo decir, debajo de su casco, con su pequeño micrófono...

—Muchas gracias, bella dama, me hago llamar El Curioso, y ¡qué alegría poder conocerla!

Ella sonrió, era la primera vez que establecía un diálogo con alguien, y ¡qué bien se sentía conversar! Había estado practicando conversaciones imaginarias durante tantos años... Pero esto era una experiencia única y sorprendente, no tenía idea de lo que aquel misterioso ser le podría llegar a responder.

—Pero qué color de piel tan peculiar tiene usted, ser Curioso... Tiene un bello tinte violeta que ilumina su rostro. Imagino que usted viene de algún sol brillante que le ha dorado su existencia. Déjeme presentarme... Mi nombre es Fuerza.

El Curioso se sonrojó, algo en su interior se movía, aquella presencia solitaria y oscura, tenebrosa y a la vez llena de entusiasmo, le hacía sentir emociones nuevas.

—Siéntese, por favor, eso que ve ahí es un pequeño escombro magnético, lo dejé justo ahí con la ilusión de que algún día llegara un visitante a sentarse frente a mí...Y mire cómo es la vida... Después de milenios de soledad, llega usted tan curioso a saludarme...

Él intentaba concentrarse en su misión, respirando suavemente el oxígeno dentro de su casco... Debía ser profesional y para saber más sobre aquella encantadora figura, necesitaba ganarse su confianza...

—Muchas gracias, es usted muy amable...

Se quedaron en silencio. Fuerza Alienadora lo miraba a los ojos atravesando el cristal del casco de El Curioso con su mirada penetrante. Él rompió el silencio y dijo:

—Señorita Fuerza, le comento... Estoy recorriendo todo el Sistema Solar, me dedico a la compra y venta de planetas de todos los tamaños, y me ha llamado poderosamente la atención su pequeño cuerpo flotando sin un sol a quien seguir; me sorprende que esté tan vacío de estructuras... ¿Sabe?, es muy raro ver algo así en el Universo. Cuénteme, ¿está interesada en hacer negocios intergalácticos?

El Curioso era un gran actor y utilizaba siempre el mismo discurso para obtener información sin generar sospechas. Solo que, esta vez, sus latidos acelerados habían debilitado su característica seguridad.

«¿Acaso ella lo habría notado?», pensó mientras la miraba nervioso.

—¡Ay, señor Curioso, ¡qué apasionante su trabajo! Déjeme decirle que yo no me quedo atrás, vengo trabajando en un proyecto muy interesante. Quizás podríamos comenzar algún plan similar en alguno de sus planetas. ¿Sabe? Creo que podríamos llegar a ser almas gemelas usted y yo... ¿Ha escuchado hablar alguna vez de ese concepto?

El Curioso estaba sudando. Fuerza Alienadora lo hacía sentir tan vulnerable...

—Me gustaría que me cuente sobre ese concepto, me resulta intrigante. No he tenido tiempo de leer mucho; mi manera de curiosear es a partir de la exploración de mundos. Soy un gran apasionado. Primero, cuénteme sobre su proyecto... Me llama mucho la atención.

Así fue como Fuerza Alienadora le contó a El Curioso su plan para la Tierra, le mostró videos de los bosques terrícolas masacrados, estadísticas sobre el avance de los centros de cemento, llamados ciudades, que cada día cubrían más a la Tierra. Ella estaba tan orgullosa; había hecho un gran trabajo manipulando a los terrícolas por tantos años. Los resultados eran impresionantes...

Fuerza hablaba sin parar, gozando de tener un oyente por primera vez; El Curioso la miraba fijamente mientras una presión punzante se apoderaba de su corazón. Así, sin esfuerzo, estaba descubriendo la verdadera razón del dolor en la Tierra, de esas vibraciones que envolvían al planeta.

Era un hecho que cada civilización tenía su proceso evolutivo y que no era ético entrometerse en los caminos de cada planeta, pero este caso era especial. La Tierra ya estaba siendo alterada por una fuerza ajena. Los humanos necesitaban una pequeña ayuda para despertar y liberarse del Virus del Cemento.

El sabio plantícola pidió información al Universo y tuvo la visión de otro caso parecido. Aparentemente, Fuerza Alienadora no era la única presencia en busca de luz, allá en otra galaxia muy lejana, un ser oscuro con características similares había logrado apoderarse de otro planeta y destruir su esencia para mudarse allí. Si nadie ayudaba a la Tierra, el capricho de Fuerza Alienadora acabaría con la humanidad.

El Maestro Zhur cerró sus ojos, necesitaba ver hacia adentro, ¿Por qué había llegado a él el llamado de San, aun cuando las ondas magnéticas que rodeaban al planeta Tierra no dejaban que estableciera contacto con los humanos? Tenía que existir un motivo… ¿Era esta una señal del Universo para tomar acción? No era su intención desafiar las leyes universales, pero tampoco podía dejar que la Tierra se transformara en un erizo de cemento.

El Maestro Zhur abrió los ojos: Molécula era una plantícola peculiar y así como había cambiado la vida en el planeta Planta, ella podría mudarse a la Tierra, como embajadora de la clorofila, a convivir con los humanos y activar en ellos su esencia olvidada.

Pero ¿cómo lo haría? ¿Cómo podría él, desde el inframundo del planeta Planta, enviar a Molécula al planeta Tierra? «El Curioso podría llevarla en su nave», pensó… «Molécula es pequeña, muy pequeña, como todos los plantícolas, ella podría perfectamente viajar en la nave personal de El Curioso, pero en comparación con los terrícolas, Molécula es diminuta… ¿Cómo podría ayudar siendo tan pequeña? Los humanos ni la verían… A menos que pudiese alojarse en un cuerpo humano».

El Maestro Zhur se sobresaltó, porque el fuego se encendió de pronto y en las llamas anaranjadas pudo ver, por segunda vez en su verde vida, una escena del planeta Tierra. Esta vez, no era San, era una niña…

El Universo lo estaba guiando… Respondiendo a su pregunta: Semilla Task.

Fuerza Alienadora se sintió triste por primera vez en su larga y helada vida. ¿Acaso volvería, alguna vez, aquel bello ser violáceo a visitarla? Lo bueno es que ella tenía su computadora, su proyecto, su misión. Volvió a conectarse con su plan. «¡El Sol! ¡Qué placer sentirlo calentar su helada piel traslúcida!». Por un momento, la visita de El Curioso le había hecho olvidarse del frío.

Fuerza Alienadora hablaba sola, era su costumbre, lo hacía a cada momento y en voz alta para mantenerse acompañada... Se dijo a sí misma:

—¿Dónde estábamos? Ah, sí. ¿Dónde está esa pequeña criatura impertinente que se ha dignado a pronunciar mi nombre?

Y con su computadora, que todo lo veía, volvió a buscar las coordenadas del bosque artificial al que Semilla Task acababa de caer desplomada.

—¡Aquí! —exclamó, e hizo clic para ver el mismo paisaje, la misma luz, el mismo bosque; allí estaba aquel pie volador, todo estaba allí, menos la niña. Aquella humana, la primera en haberla nombrado, había desaparecido.

Ahora sí, Fuerza Alienadora empezó a sentirse amenazada... «¿Dónde está?», pensó. Y la buscó en todas sus cámaras, pero ya no pudo encontrarla. ¿A dónde había ido Semilla Task?

Semilla Task había sido, literalmente, tragada por la Tierra.

Cuando abrió sus ojos, estaba en unos túneles… «Estoy soñando», pensó Semilla.

Semilla miró su cuerpo; seguía teniendo el traje de Molécula, pero ya no estaba en el bosque artificial… O sí, estaba en el bosque artificial subterráneo. Semilla comenzó a caminar; los túneles estaban oscuros, no había nadie. A medida que avanzaba, comenzó a sentir que la oscuridad se disipaba y que la luz comenzaba a iluminar sus botas moleculares que brillaban en la oscuridad. Semilla se sorprendió al ver un fuego. «¿Quién había encendido esa fogata? ¿Era un fuego real, como los que había visto en sus libros?… Hacer fuego ya no estaba permitido hacía años». Semilla nunca había visto uno en la vida real. «¿Acaso estoy en el pasado?», pensó Semilla.

Se sentó a ver el fuego y, de pronto, empezó a ver una figura dibujándose en las llamas. Era un ser verde y lo reconoció. Era el Maestro Zhur. Semilla Task había creado al Maestro Zhur, y ahora él le estaba hablando desde un fuego misterioso debajo de la Tierra.

A Semilla Task le encantaban las historias fantásticas, pero esto empezaba a darle un poquito de miedo… Si el Maestro Zhur era real… Molécula era real… ¿Fuerza Alienadora era real?

Semilla escuchó atenta lo que el Maestro Zhur le decía. Era igual a lo que había imaginado, hablaba igual... Semilla empezó a considerar la idea de que el Maestro Zhur siempre había existido y ella lo había podido percibir... No era posible que lo hubiese creado con su imaginación... ¿O sí? Semilla intentaba concentrarse en lo que el Maestro Zhur le decía. Le hablaba de San, un niño terrícola... Y ahora le hablaba de Fuerza Alienadora. Semilla intentaba mantener la calma. «Tiene que ser un sueño», pensó mientras el Maestro Zhur seguía hablando. Lo que acababan de oír sus oídos, eso ya no le dio un poquito, sino bastante miedo.

—Semilla Task, ¿quieres prestar tu cuerpo para que Molécula viaje al planeta Tierra a despertar a los humanos del Virus del Cemento?

—Maestro Zhur... Estoy un poco sorprendida, por un lado, entusiasmada y por otro, necesito más información... ¿Cómo sería eso? ¿Yo olvidaría que soy Semilla y sería Molécula? No quiero olvidar mi identidad...

—Semilla, Molécula es muy pequeña y a la vez muy poderosa, es verde, está formada de clorofila.

—Maestro Zhur, ¿me creería si le digo que ya sé cómo es Molécula, porque vengo escribiendo un libro sobre ella?... Sobre usted, sobre Fuerza Alienadora...

Por eso estoy tan sorprendida, porque no comprendo cómo todos estos personajes que creía eran ficticios existen en la vida real...

—Semilla, si existimos... Necesitamos hacer algo urgente. Fuerza Alienadora avanza rápido... ¿Sabes en cuántos años piensa terminar su plan?

—¿709 años?

—Exactamente, Semilla. Estás en lo cierto y ya al tanto de todo, como puedo percibir...

—Maestro Zhur... Aún no entiendo cómo, pero yo sé todo sobre esta historia.

—Estamos conectados tú y yo... Nos vamos a mantener de esta forma. Pienso que lo mejor es que sigas siendo Semilla Task; tus conocimientos humanos, la forma de tu cuerpo, son importantes para poder cumplir la misión... Molécula te dará características plantícolas y tendrás que integrarlas a tu vida. Tu misión será despertar el amor por la naturaleza en los terrícolas para que se despierten del Virus del Cemento...

—Maestro Zhur, estoy muy emocionada; es mi sueño y se está volviendo realidad. Siempre quise ser Molécula.

—Semilla, no estoy seguro de si esto va a funcionar; todavía no le he dicho nada a Molécula. Ella tiene que querer ir a la Tierra; no puedo enviarla sin su consentimiento... Primero tú debes estar de acuerdo.

Hay ciertas cosas que van a cambiar. Si aceptas esta misión, tu piel se volverá verde y serás el foco de atención. Cuando Fuerza Alienadora descubra tu poder para despertar a los humanos, tu vida correrá peligro. Ella querrá eliminarte de la faz de la Tierra para seguir con su plan.

—Maestro Zhur, estoy dispuesta a emprender esta misión.

Semilla, tendré que comunicarme con Molécula, primero. Sabes, ella es muy feliz aquí en el planeta Planta. Esta misión va a cambiar radicalmente su vida.

—Maestro Zhur... Molécula ama cantar, ¿verdad?

El Maestro Zhur sonrió...

Semilla, mantente cerca del fuego; volveré a comunicarme contigo lo antes posible... Creo que las ondas electromagnéticas no tienen poder en la naturaleza, y allí donde estás, bajo la tierra, aún puedo establecer contacto con los humanos...

—Sí, Maestro Zhur... Aquí me quedaré.

El fuego volvió a arder de forma natural, y Semilla suspiró. Tenía una mezcla de emociones... ¿Qué estaría pasando en la superficie? Ito la estaba esperando en el laboratorio; quizás todos ya la estaban buscando... Su mamá siempre se preocupaba por ella... ¿Cuánto tiempo habría pasado desde que se desplomó?

Semilla tomó aire y habló en voz alta... «¿Es esto un sueño?». Y volvió a decirlo, esta vez gritando... Y su voz retumbó en los túneles subterráneos... Semilla se rio sola.

No era un sueño. Era real.

El Maestro Zhur se comunicó con Molécula por primera vez en su vida. Él había estado observándola, pero nunca le había hablado telepáticamente...

—¡Molécula poderosa!

Molécula estaba feliz, cantando y bailando en uno de sus viajes... Llevaba aceite en sus alas y estaba haciendo una sofisticada figura en el aire, cuando escuchó la voz del Maestro Zhur llamándola.

A Molécula le encantaba sentarse a tomar sol en las grandes hojas y cantarles a los capullos que estaban por nacer, amaba poner sus seis largos pies en el agua y descansar, cerrar sus ojos y meditar, amaba expandir sus alas bellas y emitir su voz poderosa que hacía vibrar a los plantícolas, inspirándolos a explorar nuevas melodías. Se podría decir que Molécula era la plantícola más feliz de todos los plantícolas. Por eso, cuando escuchó la voz del Maestro Zhur, su verde corazón saltó con entusiasmo... Era la primera vez que alguien la nombraba, pero ella siempre supo su nombre, su nombre Molécula.

Molécula siempre había cantado, no sabía que podía emitir palabras habladas, pero cuando escuchó al Maestro Zhur en su mente, detuvo su dibujo y, volando en el lugar, dijo:

—Sí, esa soy yo.

—Molécula, necesito que vueles a la noche eterna, que pongas tus pies en el agua y te dejes hundir...

—¿Acaso ya es mi momento de desintegrarme? —Molécula amaba su vida. De pronto, experimentó la tristeza por primera vez.

—No es tu hora de desintegrarte, todo lo contrario. Te dejas hundir, pero nadas, mueves tus alas, nadas y nadas hasta llegar al fondo, donde no podrás nadar más, porque las rocas no te dejarán avanzar. Allí vas a buscar un pequeño túnel entre las rocas e ingresarás.

Volverás a caminar y verás que tus alas ya habrán desaparecido. Busca el calor, parecido al que sientes cuando te acercas al día eterno, y me encontrarás. Soy el Maestro Zhur.

Molécula amaba sus alas, amaba volar, amaba viajar del día eterno a la noche eterna y de la noche eterna al día eterno, amaba viajar cantando y bailando. Ya nunca volvería a ser la misma después de hundirse en el agua.

—Molécula, esta misión es muy importante, te he elegido porque sé que tienes el poder de viajar a otro planeta, es un planeta lejano que necesita de tu ayuda. Sé que amas tu vida plantícola, pero te espera una gran misión.

Molécula no dijo nada y comenzó a volar. Siguió volando y llegó a las hojas. Comenzó a untar a la Gran Planta con el aceite, tal y como lo hacía unas siete veces al día. Cuando terminó, se sentó un momento a recibir el sol, ese Sol Rojo que tanto amaba.

Molécula no quería hundirse en el agua, ni perder sus alas, ni viajar a otro mundo. Se sentía triste, y decidió actuar como si nunca hubiese escuchado esa voz... Esa voz, nadie más la escuchó, solo yo. Y si yo no la escuché, no fue real. No quiero hacer lo que me dice...

Molécula voló hacia la noche eterna. Esta vez no se sintió inspirada, no quiso cantar, ni bailar, fue directamente al agua. Hundió sus seis pies en el agua y cerró los ojos para meditar.

Continuará...